INTRODUCTION

A L'ÉTUDE

DES PIERRES GRAVÉES.

INTRODUCTION
A L'ETUDE
DES
PIERRES GRAVÉES,

PAR A. L. MILLIN,

Conservateur du Muséum des Antiques à la Bibliothèque nationale, Professeur d'Histoire et d'Antiquités; des Sociétés d'Histoire naturelle et philomathique de Paris, d'Emulation de Rouen, de l'Académie des Curieux de la Nature à Erlang; de l'Académie de Dublin, de la Société Linnéene de Londres, de celle de Médecine de Bruxelles, des Sciences physiques de Zurich, d'Histoire naturelle d'Iena.

Multis hoc modis, ut cætera omnia, luxuria variavit, gemmas addendo exquisiti fulgoris, censuque opimo dignos onerando; mox et effigies varias cœlando, ut alibi ars, alibi materia esset in pretio.

Plinius, Lib. 33, Sect. 6.

SECONDE EDITION,

Augmentée et corrigée. Prix, 2 livres 8 sous.

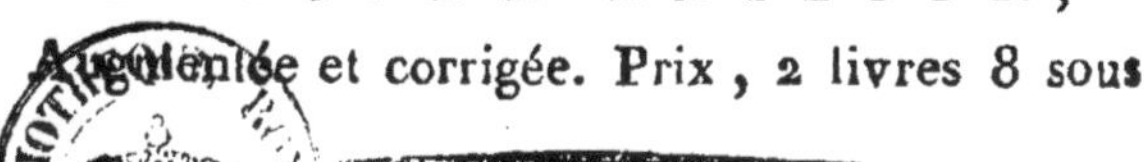

A PARIS,

Chez { L'AUTEUR, à la Bibliothèque Nationale, nº. 11.
FUCHS, Libraire, rue des Mathurins, Hôtel Clugny.
FRANÇOIS-GEORGE LEVRAULT, à Strasbourg.

An VI. (1797.)

A

JACQUES-ANTOINE

RABAUD,

REPRÉSENTANT DU PEUPLE FRANÇAIS,

PROSCRIT AU XXXI MAI M. DCC. XCIII,

CITOYEN ÉCLAIRÉ,

PHILOSOPHE SENSIBLE,

ZÈLÉ PROMOTEUR DES ARTS,

AUTEUR DU RAPPORT SUR LES COURS D'ARCHÆOLOGIE:

A LA MÉMOIRE

DE JEAN-PAUL RABAUD,

PUBLICISTE PROFOND,

LITTÉRATEUR INGÉNIEUX,

PATRIOTE SINCÈRE,

REPRÉSENTANT DU PEUPLE FRANÇAIS,

VICTIME GÉNÉREUSE DE LA TYRANNIE DÉCEMVIRALE:

FRÈRES CHERS A MON CŒUR,

DONT LES NOMS, A JAMAIS RESPECTÉS,

INSPIRERONT DE TOUCHANS SOUVENIRS

AUX AMIS DES LETTRES,

DE L'HUMANITÉ

ET DE LA VERTU.

AVERTISSEMENT.

ON a reconnu l'utilité des Traités élémentaires pour ceux qui suivent les Cours, et ceux que j'ai publié ont obtenu quelques succès. Mes Introductions à l'étude de l'Antiquité et à celle des Médailles sont presque épuisées, et celle-ci manque depuis longtemps.

J'ai augmenté de quelques feuilles cette nouvelle Edition ; pour la rendre plus utile, j'ai ajouté dans les notes la citation des divers ouvrages où l'on peut trouver les passages sur lesquels je fonde mes assertions, ou bien lire, d'une manière plus étendue, ce que je n'ai fait qu'indiquer.

J'ai ajouté les noms des Graveurs grecs comme ils sont écrits sur les pierres.

J'ai discuté dans les notes quelques points relatifs aux Pierres gravées, ou à quelque partie de l'Antiquité.

Enfin, j'ai terminé l'ouvrage par une table

des matières pour faciliter les recherches, et par une Bibliothèque Glyptographique propre à faire connoître les Auteurs qui ont écrit sur les Pierres gravées.

Malgré toute l'attention que j'ai donnée à cette Introduction, elle offre sans doute encore bien des imperfections : on les excusera en faveur du zèle qui m'anime et de mon extrême désir d'être utile au maintien et aux progrès de l'Instruction.

TABLE DES ARTICLES.

Fin de la Table.

INTRODUCTION

INTRODUCTION
A L'ÉTUDE
DES PIERRES GRAVÉES.

INTRODUCTION.

L'Art de graver des images sur des pierres dures à l'aide d'instrumens particuliers se nomme Glyptique (1).

Il a suffi de tracer des traits sur des pierres tendres pour faire naître l'idée d'en former de plus durables sur des pierres qui offrissent plus de résistance. Les inscriptions lapidaires peuvent donc être regardées comme la première origine des pierres gravées.

L'application de l'art de la gravure à celui de tirer des empreintes a dû nécessairement conduire à l'idée du monnoyage. On a gravé alors sur du cuivre ou du fer bien trempé, afin de laisser un relief sur des métaux plus ductiles. La gravure a donc précédé le monnoyage.

Les pierres gravées étant devenues un objet d'or-

---

(1) Ce mot est dérivé de γλύφειν, graver ; on dit *Glyptique* comme on dit *optique*, *méchanique*, *physique*, etc.

A

nement, les grands Artistes se sont appliqués à la Glyptique; les amateurs ont fait réduire sur des pierres dures les chef-d'œuvres de la peinture et de la sculpture: on y a représenté les objets du culte et tout ce qui étoit susceptible d'imitation. Le nombre des pierres gravées est devenu considérable, et leur connoissance est aujourd'hui une étude intéressante sous le rapport de l'art, et curieuse sous celui de l'érudition.

Cette étude est d'autant plus agréable que ces monumens sont ceux que l'on rencontre le plus souvent dans le monde. Il faut visiter les Musées pour voir des marbres, des bronzes et des statues; il faut examiner les Médaillers pour voir des médailles; mais on trouve chaque jour, dans la société, des personnes qui portent en bagues ou en cachet des pierres antiques. Il est intéressant d'apprendre à les connoître et à les expliquer.

Traités généraux sur les Pierres gravées.

La connoissance des pierres gravées se nomme *Glyptographie*, c'est-à-dire, description des gravures en pierres fines (1).

On a composé un très-grand nombre d'ouvrages sur les pierres gravées; mais il y a peu de traités élémentaires: on peut même dire qu'il n'y en a pas en français qui, par leur prix et leur étendue, soient à la portée de tous les lecteurs.

---

(1) De γλύφειν et γράφειν, comme on dit *géographie*, *cosmographie*, etc.

M. Vettori a le premier donné quelques préceptes sur la Glyptographie. Mariette a composé un traité des pierres gravées très-étendu et très-bien fait, mais volumineux et cher. Busching a rédigé pour ses auditeurs de courts élémens de Glyptographie. Ernesti, Christ et Eschenburg ont consacré à la Glyptique quelques pages de leurs Traités d'Archæologie; mais le premier de ces écrits est en latin, et les autres sont en allemand.

Ceux qui veulent avoir une idée de tous les ouvrages composés sur la Glyptographie, peuvent consulter la *Bibliothèque dactyliographique* à la fin du traité de Mariette, la *Bibliothèque de Peinture et de Gravure* de M. de Murr, la notice qui termine l'article PIERRES GRAVÉES dans le *dictionnaire des beaux-arts de Sulzer*, et la *Bibliographie Glyptographique* à la fin de cette Introduction.

Substances propres à la Glyptique.

Avant d'entreprendre l'histoire de la Glyptique, nous devons connoître ses procédés; mais ces détails doivent encore être précédés de quelques considérations sur les substances que le graveur employe.

Ces substances sont *animales*, *végétales* ou *minérales*.

Substances animales.

Parmi les substances animales on compte *les coquilles*, le *corail* et *l'ivoire*.

Les *coquilles* n'ont été employées que par les modernes; les Italiens font de jolis ouvrages sur coquille. Le Muséum national possède le poignard de François premier, le collier de Diane de Poitiers, et une collection de boutons enrichis de camées modernes sur coquilles.

Voici les coquilles appliquées à l'usage de la gravure :

La *moule margaritifère* (1) donne la belle *nacre de perle*, sur laquelle on grave des fleurs et des animaux; les Orientaux en font des vases et des bijoux.

Le *nautile-chambré* (2), qui se débite en lames, sert au même usage.

Le *burgau* (3) qui, dépouillé de sa substance corticale par un acide, est plus chatoyant que la nacre de perle; il ne peut se débiter en grandes lames; les jointures des plaques sont ordinairement couvertes par les dessins de la monture.

Les *venus*, *chames*, etc. (4) de différentes espèces; on se sert de la partie la plus voisine de la charnière de chaque valve : c'est la plus épaisse.

Différentes *porcelaines* (5) dont la substance composée des couches de différentes couleurs imite assez bien la sardonyx.

---

(1) *Mytilus margaritiferus*, L.

(2) *Nautilus Pompilius*, L.

(3) *Trochus*, L. *Turbot* Dargenv. On emploie plusieurs espèces de ce genre.

(4) *Chama*, *venus*, *cardium*, *tellina*, L.

(5) *Cypræa*, L.

Parmi les autres substances animales on distingue le *corail* (1) zoophyte que Mariette place, mal-à-propos, au nombre des plantes; c'est le *Lithodendron* des anciens (2); on ne connoît sur cette substance que des gravures grossières; on a trouvé différens ouvrages sur corail dans la Sicile (3).

Les anciens, qui ont tant travaillé l'*ivoire*, en faisoient sûrement des bagues; leur fragilité, leur destructibilité trop faciles les a empêchées de parvenir jusqu'à nous (4). Les reliefs des dyptiques appartiennent plutôt à la toreutique qu'à la glyptique; on peut aussi appliquer à ce dernier art une tête avec le mot Porsenna en caractères étrusques (5).

Substances végétales.

Parmi les substances végétales, on employoit différens bois, tels que le citronnier, le buis, l'ébène.

Les Ægyptiens ont gravé des caractères hiéroglyphiques sur des plaques de bois *de figuier sycomore* (6). Le Muséum national en possède plusieurs.

---

(1) *Isis nobilis*, L.

(2) Λιθόδενδρον, Théoph.

(3) Dorville. *Sicula*. p. 56. et *ibid*. Burmann. T. II. page 571.

(4) Voyez sur l'ivoire : Heyne *samml. antiquar aufsatze*. — Jansen, Mélange de pièces intéressantes, T. III.—Addit. B. à l'histoire de l'art, par Winckelman, édition de Jansen.

(5) Guattani *Notizie*, 1787, p. 9.

(6) On écrit seulement dans tous les ouvrages d'antiquité *Sycomore*, ce qui est propre à produire de la confusion. L'arbre appelé ordinairement *sycomore* est un érable. (*Acer*

Les substances minérales sont les *bitumes*, les *métaux* et les *pierres*.

Bitumes.

Parmi les bitumes on distingue le *jayet*, dont le Muséum national possède une tête de chat; Caylus a publié une tête antique de jayet (1). Ces monumens sont rares.

Le *charbon de terre de Norfolck*. Je possède un croissant, ornement que les Druïdes tenoient à la main en rendant la justice (2), qui est de cette substance; on y voit quelques cercles gravés.

Le *succin*. On soupçonne que cette substance est le produit de la poussière des étamines d'arbres, de la famille des conifères, principalement du Pin (3), élaboré par une espèce de fourmi (4), comme les abeilles élaborent la cire (5).

Les Grecs appeloient cette substance *électre* (6), à cause de son éclat (7).

Le savant Gessner a publié une dissertation très-

Pseudo Platanus, L.) Celui dont se servent les Ægyptiens, et que Caylus et tous les antiquaires nomment aussi *sycomore*, est un *figuier*. (*Ficus sycomorus*, L.)

(1) Recueil, T. IV, pl. 12.

(2) Vallancey, *Collectanea de Rebus Hibernicis*, T. IV, page 72.

(3) *Pinus Silvestris*, L.

(4) *Formica Herculanea*, F.

(5) Millin, Minéralogie Homérique, p. 28.

(6) ἤλεκτρον.

(7) On appeloit le Soleil *Elector*.

intéressante sur le succin (1); il est vulgairement connu sous le nom d'*ambre jaune* (2). J'ai indiqué les différens usages qu'on en faisoit au temps d'Homère; on l'a beaucoup employé pour des parures et des bijoux; on en faisoit des anneaux d'un seul morceau (3); non-seulement l'anneau entier en étoit formé, mais ces bagues portoient sûrement quelques figures ou quelques têtes gravées sur le chaton. Ces figures devoient être de relief, et leur exécution n'étoit sûrement pas plus difficile que celle de plusieurs petites figures antiques de succin qui nous sont parvenues (4); cependant il ne nous reste aucune bague ou cachet de succin qui soit gravé.

Le *lyncurium* étoit une variété du succin d'un jaune rouge (5).

Le *chryselectrum* étoit une variété du succin d'un jaune doré, approchant de la couleur de la *chrysolithe* (6).

Métaux.

Parmi les métaux on cite l'*hœmatite*; on y distingue l'*hœmatite fibreuse*, dont les parcelles

(1) *De Electro*, *Gessner*, *Comment. Acad. Gott.* T. III, page 67.

(2) Millin, Minéralogie Homérique, page 28.

(3) Mariette. Traité, page 19.

(4) Sanderus. *Historia Succinorum*, pl. XIII.

(5) Napione *sopra il lincurio.*

(6) De Born. *Versuch.*

sont d'un brun jaunâtre, et à laquelle on doit rapporter l'*hœmatite flave* de Théophraste (1).

L'*aimant*, dont les dactyliotheques du Muséum national et du cardinal Borgia offrent divers échantillons.

Les Ægyptiens et les Perses ont fréquemment employé ces deux oxydes de fer (2).

La *malachite*, oxyde de cuivre, fréquemment traité par les artistes modernes.

Pierres.

Les pierres sont les substances que les artistes ont le plus souvent travaillées: on y distingue les *pierres calcaires*, les *pierres argilleuses*, les *pierres magnésiennes*, les *pierres siliceuses* et les *roches*.

Pierres calcaires.

Je comprends parmi les pierres calcaires un *schiste calcaire*, que les Ægyptiens ont employé à la gravure.

Pierres argilleuses.

Le *Lapis Lazuli*, pierre bleue, sur laquelle des

---

(1) αἱματίτης ξανθή Zoéga *Fossil. Ægypt.* page 32.

(2) On appelle *oxydes* les substances métalliques passées à l'état de chaux, les *chaux métalliques*. Leur couleur varie selon les métaux.

pyrites cuivreuses forment des traces dorées, tient le premier rang parmi les pierres argilleuses.

Michaëlis et Beckman (1) ont démontré que cette pierre est celle que les Hébreux, les Grecs et les Romains nommoient *saphir*; elle sert en Perse pour faire des bijoux et pour peindre en bleu : on l'y apporte du Thibet; le nom de pierre de *Lazur* ou *azur* vient du persan *ladschuardi* ou *lazuardi*, dont on a fait *lazuli*; la couleur bleue qu'on en retire se nomme *outremer*, nom imposé dans le moyen-âge à plusieurs substances exotiques.

Le *cyanos* des anciens (2) paroît être aussi notre lapis; mais on confond sûrement sous ce nom le bleu de montagne et plusieurs oxydes de cuivre.

Le lapis servoit pour faire des cubes de mosaïque et des ouvrages de rapport : on l'emploie encore aujourd'hui à cet usage; il n'y a guères que les Ægyptiens et les Perses qui s'en soient beaucoup servi pour la gravure. Il n'a guères été employé depuis que par les modernes.

La *pierre ollaire*, sur laquelle nous avons plusieurs gravures Ægyptiennes, est une pierre magnésienne. C'est la *pierre thébaïque* des anciens.

La *stéatite*, appelée ainsi à cause de son aspect

---

(1) *Beytrage zur Geschichte der Erfindungen.* Band. 3. Buch. 1, page 186.

(2) *Idem.*

graisseux (1), se nomme aussi *pierre de lard*. C'est cette substance dont les Chinois font des magots.

Pierres siliceuses.

Les pierres siliceuses ou quartzeuses étincellent sous le briquet; elles sont les plus dures, et celles sur lesquelles les grands artistes se sont principalement exercés.

On les distingue en *pierres transparentes*, *pierres demi-transparentes* et *pierres opaques*.

Pierres siliceuses transparentes.

Le *crystal* est un quartz transparent qui crystallise en prismes à six pans, avec deux pyramides à six faces. On le nomme *crystal de roche*, parce qu'il se trouve le plus communément dans les rochers. Les anciens croyoient que c'étoit l'effet de la congélation de la glace, et c'étoit ce qui lui avoit fait donner son nom (2). Le plus précieux venoit de l'Inde. Les anciens avoient de beaux vases de crystal gravés. Néron en brisa un sur lequel on avoit représenté plusieurs sujets pris de l'Iliade (3).

La pierre que Pline nomme *Iris* (4) ne peut être autre chose que le *crystal irisé* qui décompose

---

(1) De *στέαρ*, graisse.
(2) De *κρύος*, glace.
(3) Suet. *Nerone*, c. 47.
(4) XXXVII, 9.

les rayons du soleil, et présente les couleurs de l'arc-en-ciel. Les crystaux colorés prennent différens noms, et ce n'est cependant qu'une substance de la même nature; il n'y a de différence que dans la matière colorante.

Parmi les pierres transparentes, les gemmes sont les plus belles, les plus dures, ce sont celles qui ont mérité chez les anciens et chez les modernes les noms de *pierres nobles* (1), de *pierres précieuses*, de *gemmes* (2).

Gemmes.

On a fait un grand nombre d'ouvrages sur les pierres précieuses; mais la plupart ont eu pour objet de commenter les passages de l'écriture, qui parlent des pierres du Rational du grand-prêtre des Juifs. Théophraste est le plus ancien Lithologue grec; il a composé sur les pierres un ouvrage particulier. Nous possédons un poëme attribué à Orphée sur les pierres précieuses; mais il n'est plein que d'idées mystiques et relatives aux vertus que leur supposoit ce Thaumaturge. Pline leur a principalement consacré son trente-septième Livre.

Les auteurs du moyen-âge ont encore enchéri sur la crédulité des écrivains Grecs et Romains, ainsi

---

(1) *Λίθοι τίμιοι*, quelquefois seulement *λίθοι διαφανεῖς*, Pierres transparentes. *λίθοι*, pierres par excellence

(2) Ce mot dans Pline signifie perle et pierre précieuse.

qu'on peut s'en convaincre en lisant ce qu'Avicennes, Mesué, Arnauld-de-Villeneuve et Albert-le-Grand ont dit des pierres précieuses.

Marbod, évêque de Rennes, a composé un poëme sur les gemmes, dont la meilleure édition est celle de Beaugendre ; il dit que ce qu'il rapporte des pierres précieuses est tiré d'un ouvrage d'Evax (1), roi d'Arabie, et je pense, avec Lessing (2), qu'il n'y a pas de raison pour ne pas le croire sur sa parole.

Parmi les modernes, Dutens a fait un petit traité des pierres précieuses ; Bruckman a composé sur elles trois volumes *in*-8.° ; Daubenton et d'autres Minéralogistes ont écrit sur les pierres précieuses.

On examine, pour la parfaite connoissance des pierres, leur pesanteur spécifique, leur cassure, leur qualité plus ou moins électrique, leur phosphorescence, leur crystallisation, la forme de leurs molécules intégrantes ; mais le Glyptographe ne peut observer que les pierres employées, travaillées, polies et souvent montées. La pesanteur spécifique et la dureté sont donc les caractères auxquels il doit principalement s'arrêter : ces caractères n'avoient point échappé à Pline (3).

Quelques Naturalistes ont classé les gemmes d'après leurs couleurs. Daubenton a indiqué celles du

---

(1) Hildeberti *opera. Parisiis*, 1708.

(2) *Collectaneen*, tome II, page 139.

(3) XXXVII, 7, 13.

prisme (1); mais cette classification est vicieuse, puisqu'il y a des pierres qui admettent toutes les couleurs, et qu'on trouve des saphirs blancs et des diamans jaunes ou noirs.

D'autres les partagent en *pierres d'orient* et *pierres d'occident* (2); mais cette dénomination est fausse, puisqu'il y a en Orient des pierres que les Jouailliers nomment *occidentales*, et en Occident des pierres qu'ils appellent *orientales*, ce mot n'exprimant pour eux que la perfection de la gemme.

Les Naturalistes classent les gemmes d'après leur nature, les Jouailliers d'après leur rareté. La classification du Glyptographe doit être relative à l'art de la gravure; il doit considérer les pierres précieuses selon leur degré de dureté.

Il est souvent très-difficile de rapporter à un nom moderne les pierres indiquées par les anciens, parce que la moindre tache, la plus légère différence devenoit pour eux la cause de nouvelles dénominations qui rendent cette synonymie extrêmement embarrassante, ainsi que Pline l'avoit lui-même observé (3).

Les anciens ne gravoient que très-rarement sur les gemmes; ils craignoient de leur faire perdre de leur prix en diminuant leur volume (4); les artistes modernes les ont moins respectées.

---

(1) Acad. des Sciences, 1750, page 26.

(2) *Idem.*

(3) XXXVII, 12.

(4) Pline, XXXVII, 1.

Les anciens faisoient un très-grand cas des pierres précieuses. Scaurus est le premier qui en ait eu une collection (1). Ce fut Pompée qui en répandit le goût en transportant à Rome la collection de vases et le baguier de Mithridate qu'il déposa au Capitole (2).

On buvoit dans des coupes enrichies de pierres précieuses. Les Empereurs avoient un affranchi, dont l'emploi étoit de garder ces vases, appelés *gemmæ potoriæ* (3).

Les miroirs en étoient ornés (4); les princes en paroient leurs chaussures (5). Caligula en portoit sur ses vêtemens (6).

Les vases destinés aux usages les plus sales en étoient ornés (7).

Lollia Paullina en avoit sur ses vêtemens, dans ses cheveux, à son col, à ses doigts et à ses oreilles pour cent mille sesterces (8).

Mais ici, par pierres précieuses, il ne faut pas entendre des pierres gravées, ainsi que l'ont fait plusieurs écrivains.

Pline, à l'occasion de ce luxe, s'écrie : « nous fouil-

---

(1) Pline, XXXVII, 2.
(2) *Idem.*
(3) Muratori *Thes. Inscript.* 941, 2.
(4) Senec. *Nat Quæst.* L. 1, c. 17.
(5) Agostini, page 18.
(6) Suet. *Cal.* c. 52.
(7) Ælius Lampridius. *Héliogabal.*
(8) Pline, IX, 35.

lons les entrailles de la terre pour en tirer les gemmes; combien de mains sont fatiguées pour faire briller une seule phalange (1) !

Les gemmes se distinguent des autres pierres précieuses en ce qu'elles sont transparentes, et que leur tissu est vitreux. En les rangeant d'après leur dureté, nous aurons;

Le diamant, que les Naturalistes placent parmi les substances inflammables, parce qu'il brûle sans laisser aucun résidu (2).

Les anciens n'employoient que les diamans bruts, polis par un frottement naturel, et dans leur état primitif de crystallisation, qui est l'octaèdre régulier; on nomme ces diamans *pointes naïves* (3). La taille du diamant n'a été inventée qu'en 1476, par Louis de Berquen, de Bruges.

Puisque les anciens ignoroient l'art de tailler et de polir le diamant, ils ne l'ont point gravé. Quoique quelques faussaires aient voulu faire passer pour antiques de mauvais diamans gravés, Jacques de Trezzo est le premier qui ait gravé sur diamant (4). Mariette nomme Clément de Biragues, en 1564 (5).

---

(1) II, 63.

(2) Diamant signifie indomptable; ἀδάμας, *de* α privatif, et δαμάζω, je dompte, parce qu'il ne cède à aucune substance. On ignoroit quand on lui a donné ce nom qu'il se dissipe au feu.

(3) Mariette, I, page 155.

(4) Busching, page 7.

(5) Mariette, I, page 91.

D'autres prétendent qu'Ambroise Charadossa avoit gravé en 1500 la figure d'un Père de l'église sur un diamant pour le pape Jules II (1). Natter et Costanzi ont gravé sur le diamant.

Les grands artistes ne doivent pas perdre leur temps à traiter une substance aussi dure, qui n'ajoute à leur ouvrage d'autre mérite que celui de la difficulté vaincue, et à laquelle ils font perdre de son prix réel en diminuant son volume (2).

Le saphir est une pierre de couleur bleue ; on appelle *saphir oriental* une gemme qui prend différens noms suivant sa couleur, et qui est toujours la même par sa nature.

Le saphir oriental, le rubis oriental, l'amethyste orientale, la topaze orientale ne sont qu'une même pierre colorée par un oxyde métallique en bleu, en rouge, en violet ou en jaune : le citoyen Hauy nomme cette pierre *Telesie* (3).

Le saphir oriental est la pierre la plus dure après le diamant. Les saphirs occidentaux ne sont pas des gemmes, mais des crystaux de roche colorés en bleu par un oxyde : tel est *le saphir d'eau*.

Notre saphir n'est point celui connu des anciens sous ce nom ; c'étoit, selon Joannon de S. Laurent,

---

(1) Garzoni *Piazza Universale*, page 550.

(2) Lessing *Briefe*, tome I, page 152.

(3) Du mot grec τελος, perfection, parce qu'on donne en général le nom d'orientales aux pierres les plus parfaites. Ceci prouve combien le caractère de la couleur est insuffisant.

le

le *beryllus* (1) *aeroides*. Veltheim (2) pense que le nôtre étoit l'*Adamas Cyprius* de Pline (3) ; son opinion me paroît préférable : la pierre que les anciens nommoient saphir étoit notre lapis lazuli (4).

On connoît quelques gravures modernes sur saphir.

Le *Rubis*. J'ai dit que Hauy donne au rubis oriental, à la topaze orientale, au rubis, au saphir le nom de telesie. Romé de Lille réunissoit toutes ces gemmes sous le nom de *rubis* (5).

Cette pierre est de couleur rouge ; c'est celle que les anciens ont nommée *anthrax*, *carbunculus*, mot que nous rendons par *escarboucle*, pour exprimer sa ressemblance avec un charbon ardent. Le plus recherché est le *rubis balais*, d'un beau rose ; il est moins dur que le *rubis d'Orient*, la telesie ; le *rubis spinel* est d'une couleur orangée et plus obscur ; le *rubis du Brésil*, quoique d'un beau rouge, est le moins estimé.

Les anciens ne gravoient pas le rubis, parce que sa couleur et son nom leur avoient fait croire qu'il fondoit la cire (6) ; on a des cachets modernes sur rubis.

---

(1) Plin. XXXVII, 5.

(2) *Anmerkungen*, page 62.

(3) *Adamas Cyprius vergens in aerium colorem, et qui alio adamante perforari potest.* L. 37, C. 15.

(4) *Supra*, page 14.

(5) Romé de Lille, Crystallographie. T. II, page 212.

(6) Pline XXXII, 7.

L'émeraude étoit connue des anciens ; mais toutes les pierres qu'ils nommoient *smaragdes* (1) n'étoient pas l'émeraude, et c'est de ce qu'on a toujours traduit le mot *smaragdus* par *émeraude* qu'est venue la confusion. Ils réunissoient sous ce nom toutes les pierres vertes, les *prases*, les *crystaux colorés*, les *jaspes*, les *malachites*, etc., etc. Les colonnes, les statues, les grandes smaragdes citées par les anciens étoient de ce genre (2) ; mais les petites smaragdes, dont parle Théophraste, étoient notre émeraude : on en tiroit de la Thébaïde (3), et il existe encore des pierres gravées égyptiennes sur émeraude (4).

Les anciens aimoient beaucoup les smaragdes (5) ; les graveurs s'en servoient pour se reposer la vue.

---

(1) σμάραγδος. Theoph. *smaragdus*. Plin.

(2) Dolomieu, Mag. Encycl. première année, tome 2, page 144.

(3) Pline XXXVII, 5.

(4) *Ib.*

(5) M. Boettiger, dans l'extrait qu'il a donné de la première édition de mon Introduction aux pierres gravées dans la gazette d'Iena, 1797, n°. 29, dit « qu'il ne sait pas comment j'ai pu assurer que les anciens connoissoient l'émeraude, qui ne vient que de l'Amérique, quelquefois il est vrai par les Philippines, et que malgré ce qu'en disent Romé de Lille et ses partisans, il est vraisemblable que les anciens ne la connoissoient pas. » Je lui demanderai à quelle autre pierre on peut attribuer la dureté si grande que Pline donne à l'émeraude, cette haute estimation des petites émeraudes, le respect des anciens graveurs pour cette pierre qu'ils trouvoient

Néron, qui étoit myope (1), regardoit à travers une smaragde concave les Jeux du cirque (2); mais on la respectoit trop pour l'entamer par sa gravure. Les modernes l'ont assez souvent travaillée.

Le *berylle*. Les anciens confondoient, sous ce nom, toutes les pierres légèrement teintes de quelque couleur; la pierre de ce nom la plus estimée est celle que nous nommons *aigue-marine*, à cause de sa couleur d'eau de mer (3); les anciens la tailloient à facettes (4).

---

trop belle pour l'entamer avec le touret. Dutens a également soutenu l'opinion de M. Boettiger; mais d'après ce que je viens de citer, celle de Romé de Lisle et de Dolomieu me paroît préférable. Pline dit que la troisième espèce d'émeraude vient des rochers voisins de Coptos, ville de la Thébaïde. Nous avons dans le Muséum national une petite émeraude de travail ægyptien, sur laquelle on voit un œil, hiéroglyphe commun sur les pierres ægyptiennes; enfin, dit Dolomieu, « quoique plusieurs Naturalistes regardent l'émeraude comme tellement inhérente au Nouveau-Monde qu'ils la nomment toujours *émeraude du Pérou*, cette gemme appartient aussi aux montagnes de l'ancien continent. L'Ægypte, la Scythie, la Bactriane en fournissoient aux anciens. On en trouve encore à Ceylan et dans différentes contrées de l'Asie et de l'Europe ».

(1) Veltheim *über Nero. Smaragd.* etc. p. 18 à 35.

(2) Plin. XXXVII, 5. M. de Veltheim veut que cette smaragde ait été une aigue-marine; mais Pline, qui cite souvent l'aigue-marine, lui auroit donné ce nom. Je pense bien, avec M. de Veltheim, que ce n'étoit pas une émeraude, c'étoit un crystal coloré en verd, et peut-être même un verre coloré.

(3) *Aqua marina.*

(4) Pline XXXVII, 2.

Le Muséum national possède une pierre verdâtre sur laquelle Evodus a gravé la tête de Julie, fille de Titus ; on a pensé jusqu'ici que c'étoit une aigue-marine, ce n'est peut-être qu'un crystal de roche vert-d'eau (1).

---

(1) Le citoyen Hauy est demeuré dans le doute de savoir si cette pierre est ou n'est pas une *aigue-marine*. Quand un savant si distingé hésite, qui oseroit décider ? Je me suis contenté de rassembler la masse des preuves en faveur de l'une et de l'autre opinion.

On peut dire en faveur de celle que la pierre est une aigue-marine, qu'elle en a la couleur, la pesanteur; qu'on y remarque de petites glaces, et qu'on ne connoît point de quartz vert-d'eau.

Mais ceux qui soutiendroient l'opinion contraire diroient que la couleur n'est pas un caractère suffisant ; qu'il peut se trouver un quartz vert-d'eau, puisque les couleurs de cette substance tiennent aux oxydes métalliques qui la pénètrent; qu'on y remarque de petits corps étrangers approchans du *Titane*; qu'on y voit très-peu de glaces; que ce ne peut pas être l'aigue-marine de Saxe ou topaze bleue-verdâtre, dont la pesanteur est de 3,5535, et qui a les caractères de la topaze dite de Saxe ; qu'on peut difficilement penser que ce soit le beryle ou aigue-marine de Sibérie.

Le citoyen Hauy pense également que cette masse de preuves rend ce dernier sentiment plus probable, aussi je croirois que notre prétendue aigue-marine n'est qu'un crystal de roche vert-d'eau. La pierre n'en est pas moins très-remarquable par sa couleur, sa transparence, par le personnage qu'elle représente et par son exécution.

Ce seroit un morceau très-extraordinaire qu'une *aigue-marine* de ce volume; la pierre a 22 l. ½ sur 16. l. ½ de diamètre; et quoiqu'on en trouve de très-grosses, il y a bien peu de ca-

L'aigue-marine tirant sur le jaune se nommoit *chrysoberylle.*

La *topaze* est bien la pierre que les Grecs appeloient *Topazon*; mais ce n'est point celle à laquelle les Romains donnoient ce nom, puisque cette pierre étoit verte, et que celle-ci est jaune (1) ; c'est celle qu'ils appeloient *chrysolithe*, pierre dorée.

Elle recevoit le nom de *Chrysolampis* quand elle étoit d'une couleur scintillante.

---

mons assez considérables pour en débiter un morceau semblable. Cette considération m'a fait soupçonner que cette pierre pourroit bien n'être pas une aigue-marine. Comme elle est taillée et polie, et que sa dureté ne diffère pas beaucoup de celle du crystal de roche, il ne restoit de caractère, pour la déterminer, que la pesanteur spécifique. Le citoyen Hauy, que j'ai consulté, a bien voulu la peser avec sa balance hydrostatique ; elle a pesé dans l'air 442 grains et demi ; elle a perdu dans l'eau 163 grains trois quarts : ainsi sa pesanteur spécifique, en désignant celle de l'eau distillée à 14 deg. par l'unité, est de 2,7007.

La pesanteur spécifique du berylle, dit *aigue-marine de Sibérie*, est, d'après les expériences de Brisson, 2,7227, résultat qui se rapproche beaucoup de celui ci-dessus ; mais la pesanteur du quartz transparent, dit *crystal de Madagascar*, est 2,6530, et celle du quartz rouge, qui est la plus pesante parmi toutes les variétés de cette substance, est 2,6701, résultat qui ne s'éloigne pas beaucoup de celui obtenu avec notre pierre.

(1) Born *Versuch*, page 6.

De *leucochryse*, quand sa couleur étoient interrompue par une tache blanche ;

De *melichryse*, si elle approchoit de celle du miel.

On en tiroit de Pont, de l'Arabie, de la Bactriane et de l'Espagne.

Les Romains aimoient beaucoup la chrysolithe ; Cléopâtre fit présent d'une belle chrysolithe à Antoine (1) : Ovide orne de cette pierre le char du soleil (2).

La topaze des Grecs a été confondue avec la chrysolithe de Pline, parce que ce sont les pères de l'église qui en ont parlé les premiers, comme d'une des pierres du pectoral du Grand-Prêtre des Juifs ; et comme la plupart étoient grecs, et écrivoient en grec, ils ont adopté le nom que les auteurs grecs donnoient à notre topaze, sans considérer que Pline et les auteurs latins indiquent par le mot *Topazon* une pierre verte bien différente (3).

Les anciens n'ont point gravé sur la topaze. Le Muséum des antiques possède le portrait de Philippe II et de don Carlos sur une topaze, par Jacques de Trezzo.

Notre chrysolithe n'est point la pierre à laquelle les anciens donnoient ce nom, puisque celle-ci étoit notre topaze ; mais peut-être celle qu'ils nommoient

---

(1) Propert. L. II, EL. XIII, 44.
(2) Ovid. *Metam.* II, 107.
(3) Born, *loco supra laud.*

chrysophis, c'est-à-dire, vert-doré, comme la peau de quelques serpens. La chrysolithe est en effet d'un jaune-verdâtre ; on en trouve en Espagne, aux Indes, au Brésil, etc.

L'Hyacinthe est une pierre d'un rouge-doré assez semblable au succin foncé. Ce n'est point la pierre à laquelle les anciens donnoient ce nom (1). Il paroît qu'ils appeloient ainsi une pierre d'un violet clair du genre des amethystes.

Le *craterites* de Pline (2) peut se rapporter à l'hyacinthe (3) ; il le décrit comme une pierre très-dure qui, par sa couleur, tient le milieu entre la chrysolithe et le succin.

La chrysolithe vitreuse de Pline (4) étoit notre hyacinthe (5).

Il ne faut pas confondre avec l'hyacinthe *l'hyacinthe des volcans*, dont la dureté est bien moins considérable.

On a un grand nombre de gravures sur hyacinthe.

L'amethyste orientale est la telesie colorée en

---

(1) Quelques auteurs ont pensé que notre hyacinthe est le *lyncurium* des anciens. M. Napione a très-bien prouvé que le lyncurium étoit l'ambre transparent et d'un jaune-rouge. *Dissert. sopra il lincurio. Roma. Fulgoni*, 1795.

(2) XXXVII, 10.

(3) Bruckman, T. II, p. 30.

(4) XXXVII, 9.

(5) Bruckman, T. I, p. 113.

violet ; il faut la distinguer de *l'amethyste* ordinaire, qui n'est qu'un crystal coloré ; alors on la nomme *prisme d'amethyste*. On trouve en Auvergne des morceaux de celle-ci d'une grande portée, que l'on travaille, et qu'on taille en colonnes (1) ; mais les graveurs anciens ne travailloient que l'amethyste orientale.

Les anciens faisoient des coupes d'amethyste, parce qu'ils croyoient que cette pierre bannissoit l'ivresse (2) ; c'est de là qu'elle tiroit son nom (3).

Les anciens confondoient le *grenat* avec l'escarboucle à cause de sa couleur rouge, quoique le véritable *carbunculus* fût notre rubis oriental (4) ; le grenat étoit le *carbunculus nigricans et rubens* (5).

Pline dit que cette couleur doit être tempérée par le violet de l'amethyste (6). Caylus pense que les anciens ont connu l'espèce que nous nommons *grenat syrien* ou *surian*, parce qu'il vient de Surian ou Syrian, au Pégu ; ils l'ont employé gravé ou non gravé.

---

(1) Il y a une jolie fabrique composée de colonnes de prisme d'amethyste dans le Muséum d'histoire naturelle de la République.

(2) Pline XXXVII, 10.

(3) De l'α privatif et du verbe grec μεθύω, j'enivre ; cette prétendue propriété est le sujet d'une jolie épigramme de l'Anthologie. L. IV, C. 18. E. 8.

(4) *Supra*, p. 17.

(5) Reitz *Museum Francianum ; præfat*, p. 11.

(6) XXXVII, 7.

Pline, selon Joannon de saint Laurent, le désigne aussi sous le nom de *lapis carchedonius*.

Le cabinet national possède plusieurs gravures sur grenat syrien.

Pierres siliceuses demi-transparentes.

La prase est une pierre verte qui a été prise pour l'émeraude, et qu'on appelle pour cette raison *fausse émeraude*. Le mot prase vient de la ressemblance de sa couleur avec celle du poreau, *prasus* (1), dont on a fait l'adjectif *prasinus ;* on a dit ensuite *gemma prasina*, et par corruption *prasma*, puis *plasma* pour adoucir le son. De là, les jouailliers on dit *presme*, *prasme*, *plasme*, *prisme* d'émeraude (2) ; et comme ils regardoient cette pierre comme la matrice des émeraudes, ils ont donné le même nom de *prisme d'amethyste* au crystal violet, qu'ils regardoient comme la matrice de l'amethyste.

L'*opale* réfléchit différentes couleurs selon la manière dont elle est exposée à la lumière ; les anciens l'appeloient *pæderos* (3). Nonnius aima mieux perdre la vie que de céder une opale à Marc-An-

(1) πράσον.

(2) Lessing *Briefe*, T. II, p. 144.

(3) C'est-à-dire, garçon beau comme l'amour. Pline, XXXVII, 6. Voy. aussi Saumaise *in Solin*. p. 399.

toine (1). Le Muséum des Antiques possède un portrait de Louis XIII sur une opale.

On a depuis appelé cette pierre *Orphanus*, orphelin ; c'étoit ainsi, selon Albert-le-Grand (2), qu'on nommoit une opale de la couronne impériale, parce qu'on n'en avoit jamais vu de semblable ; le nom particulier de cette pierre comme individu a passé à l'opale comme espèce (3).

Le *girasol* est une espèce d'opale très-chatoyante, et dont le point milieu semble tournoyer devant le soleil, d'où lui vient son nom de *girare*, tourner, et *sol*, soleil. C'est l'*asteria* et la *ceraunia* des anciens ; elle prend différens noms.

Celui d'*œil-de-chat*, c'est le *leucophthalmos* de Pline (4).

L'*œil-de-poisson* est l'*argyrodamas de* Pline (5). Sa *gallaïque* (6) en est une variété ; c'est aussi la pierre que les Assyriens appeloient, selon lui, *œil-de-belus* (7). Ces pierres appartiennent au feld-Spath.

L'*hydrophane* devient transparente dans l'eau.

---

(1) Pline XXXVII, 5.
(2) *Lib. Nat.* p. 29, a.
(3) Veltheim *Ueber reformen*, etc., p. 54.
(4) XXXVII, 10.
(5) *Ib.*
(6) *Ib.*
(7) *Ib.*

Les anciens ont connu et travaillé cette pierre (1), mais non pas sous ce nom.

L'*achate* a une pâte fine qui la distingue facilement. Les anciens graveurs l'ont souvent employée. On appelle *orientale* celle dont la transparence est plus parfaite.

Les anciens la nommoient *Achates* (2), d'un fleuve qui coule en Sicile, et où on en ramassoit; mais ce n'étoit pas précisément à notre achate qu'ils donnoient ce nom; ils l'appliquoient à des pierres de différentes couleurs, et les nommoient *leucachates*, *cerachates*, *hæmachates*, selon les nuances de blanc, de cire ou de sang; mais jamais ils ne font mention d'achates d'une seule couleur : notre achate étoit leur *sarda*.

On appelle herborisées celles où l'on remarque des herborisations. Les anciens les nommoient *dendrachates*, et *figurées* celles qui présentoient des images singulieres. La célèbre achate de Pyrrhus, qui représentoit naturellement, dit Pline (3), Apollon et les Muses, devoit être de ce genre.

---

(1) Encyclop. méthod. T. III, page 168.

(2) Il est certain, comme l'observe judicieusement M. Boettiger dans l'analyse qu'il a donnée de la première édition de cette Introduction dans la Gazette Universelle d'Iena, 26 Janvier 1797, n°. 29, que d'après l'étymologie on doit écrire *Achate*, du mot grec Ἀχάτης; mais l'usage a prévalu même parmi plusieurs écrivains allemands, tels que MM. Karsten et Verner, d'écrire *agathe*.

(3) XXXVII, 1.

On a aussi gravé sur des achates qui paroissent contenir des Mousses dans l'intérieur. Elles sont nommées dans plusieurs auteurs *pierres de Mocka*. On croyoit que ce nom venoit de *Mocka* (1), en Arabie, où on les trouvoit, et où on en faisoit le commerce. L'origine de ce mot est due à une expression patoise des Mineurs Saxons, qui disent *Moch* pour *Moos*, Mousse, ainsi *Moch stein* signifie Pierre de Mousse, et on a dit par corruption *Mocha stein*, d'où on a fait *pierre de Mocha* (2). Mousse se dit en Saxon *Moch*, et *Mech* en Polonais.

L'Achate la plus transparente se nomme achate *orientale*. Si sa transparence est troublée par des teintes laiteuses, c'est la *chalcédoine ;* mais cette chalcédoine n'est point la pierre que les anciens nommoient *charcédonie*, parce qu'elle venoit de Carthage; celle-ci étoit une escarboucle. La *leucachates* de Pline pouvoit être notre chalcédoine ; cette pierre est assez commune : on en faisoit des bijoux et des cachets.

Le *cacholong* diffère de l'achate et de la chalcédoine en ce qu'il est tout-à-fait opaque, quoique de la même pâte ; les anciens ne l'ont pas distingué, du moins nous ne pouvons découvrir le nom qu'ils lui donnoient ; mais ils l'ont fréquemment employé. Le cacholong est la matière de la couche blanche de la sardonyx.

---

(1) Hill. *natural. Hist. of fossil.* London, 1748, fol. 472.

(2) Veltheim *Ueber Verner reformen in Mineralogie*, p. 61.

Le citoyen Monges a avancé que la matière des vases Murrhins étoit le cacholong; mais cette opinion n'est nullement démontrée (1).

La *sardoine* est de la même pâte que l'achate; elle a une couleur enfumée et noirâtre.

La *sardonyx* est composée de trois couches, une noire, une blanche et une brune. Le graveur attaque successivement les deux premières couches pour faire les figures et les draperies, et la troisième sert de fond au tableau.

Le mot sardonyx vient de *sarda*, nom que les anciens donnoient à *l'achate*, et de *onyx*, ongle, parce que les zones de cette pierre ressemblent aux cercles de la base de l'ongle.

Les anciens aimoient passionnément la sardonyx; ils en faisoient des bagues et des bijoux. Le citoyen le Blond pense (2) que les vases Murrhins étoient de sardonyx, taillée transversalement, et non en suivant les couches. Le Muséum des Antiques et le Muséum des Arts possèdent de beaux vases de cette espèce.

Mais c'étoit sur-tout pour faire des camées que la sardonyx étoit estimée; il en existe encore d'une grandeur prodigieuse, tels que le camée de la sainte-Chapelle, et plusieurs autres morceaux du Mu-

---

(1) Compte rendu des travaux de l'Institut, 15 prairial, an V.

(2) Académie des Belles-Lettres, tome XLIII, page 217.

séum des Antiques, la coupe du roi de Naples, celle de Brunswick, etc. (1).

Ces morceaux sont aussi recommandables sous le rapport de l'histoire naturelle que sous celui de l'art ; on en chercheroit en vain de semblables pour la grandeur, la beauté des couleurs et la disposition des couches.

M. Veltheim pense que la plupart de ces pierres peuvent être factices ; il se fonde sur la grande habileté des anciens dans l'imitation des pierres précieuses ; il regarde la couche inférieure, la noire, comme le produit de la pierre obsidienne fondue avec du soufre, et il croit que la couche blanche est due également à une production volcanique (2).

J'ai discuté cette opinion dans un mémoire qui sera imprimé dans le tome IV du Magasin Encyclopédique de cette année. J'y fais voir que la sardonyx n'est point un produit de l'art. Le mélange indiqué par M. Veltheim n'a produit dans des expériences faites par le C. Descotil qu'un verre blanchâtre et friable.

M. Eckhel croit que les carrières de Sardonyx étoient en Afrique, et qu'elles se sont perdues depuis que les découvertes dans la navigation ont fait abandonner les routes qui y conduisoient par terre.

M. Boettiger place la patrie de ces anciennes sar-

(1) On trouve leur description à l'article des Pierres gravées les plus célèbres.

(2) Boettiger, *Ueber sardonix*, 1796. Veltheim *anmerkungen*, p. 97.

donyx dans l'Inde, où l'art de travailler les pierres précieuses est d'une haute antiquité.

La cornaline est de la même pâte que l'achate; elle en diffère par sa teinte rouge; les anciens la nommoient *sarda*, soit de la ville de *Sardes* en Lydie, soit du mot *Sarx*, *Sarcos*, qui en grec signifie chair (1).

Son nom moderne vient de *caro*, *carnis*, chair, parce que sa couleur approche de celle de la chair; c'est la pierre que les anciens ont le plus travaillée, sur-tout en creux. On a une très-grande quantité de gravures sur cornaline; les plus belles et les plus transparentes s'appellent *cornalines d'ancienne roche*, parce qu'on n'en trouve plus de semblables.

Nos vieux auteurs français la nomment *corniole*, *carniole*; les Italiens l'appellent *corniola*.

Le *Jade* a une teinte grisâtre et d'un blanc laiteux; sa surface est grainue; il y en a d'olivâtre et de verd; son nom vient du mot Espagnol *piedra hijada*, pierre néphrétique, parce qu'on le croyoit utile dans les maux de la vessie; on en a trouvé des haches dans les tombeaux des anciens Gaulois; les Orientaux en font des bijoux.

Pierres siliceuses opaques.

Ces pierres sont de la même pâte que les précédentes, mais moins vitreuses. Dans les morceaux

---

(1) M. de Veltheim *Ueber reformen in mineralogie*, p. 53, préfère la première étymologie.

un peu étendus on trouve des parties opaques et des parties transparentes.

La principale des pierres siliceuses opaques est le *jaspe*, dont les particules sont fines, compactes et serrées.

On distingue les variétés du jaspe par leur couleur; mais cette distinction n'est admissible que pour les échantillons de cabinet, les petits morceaux. Il y en a de *verd*, de *jaune*, de *brun*, de *noir*, de *gris*; on nomme *fleuri* celui dont les couleurs sont très-mélangées; *rubané* celui dont les teintes forment des raies.

Le jaspe n'a pas été travaillé par les grands artistes; cependant il y a plusieurs gravures antiques sur jaspe, et même sur le jaspe fleuri, quoique les figures s'y puissent difficilement distinguer. Le jaspe rouge est celui que les anciens ont le plus fréquemment employé.

On appelle *jaspe sanguin* le jaspe verd, parsemé de taches rouges : il a été sur-tout employé dans le moyen-âge, et depuis, à faire des images du Christ après la flagellation, et des figures de la Vierge et des Saints.

On nomme *héliotrope* celui dont les taches rouges sont plus grandes.

Roches.

Les Ægyptiens sont les seuls qui aient gravé de petits objets sur des roches; ils y ont été conduits par les hiéroglyphes des obélisques. On trouve des caractères

caractères hiéroglyphiques sur des scarabées de *granit*, de *basalte* (1), de *sienite*, etc.

Pétrifications.

La seule qui soit travaillée par les graveurs est la *turquoise*. C'est une substance osseuse, pénétrée par un oxyde de cuivre. Joannon de S. Laurent (2) croit que c'est la *callaïs* des anciens; plusieurs gravures ægyptiennes sont sur turquoise.

Substances composées.

Nous avons vu que les anciens savoient imiter les pierres précieuses avec des verres colorés.

Ils reprenoient et ouvrageoient au tour le verre après qu'il avoit été coulé (3).

Ils appliquoient des figures de couleur blanche sur un fond coloré, en donnant au verre un degré de feu suffisant pour le coller sans le faire fondre. Ils travailloient ensuite les vases faits de cette manière avec la pointe du diamant et le touret. C'est ainsi qu'a été fait le célèbre vase de Portland. Weedgvood a imité ce procédé.

Nous avons dans le cabinet national des fragmens de ce genre.

---

(1) Je parlerai plus amplement de ces pierres dans mon Introduction à l'étude des Sculptures antiques.

(2) *Saggi di Cortona*, *V*. 60.

(3) Caylus, tome II, p. 363.

A la renaissance des arts, les graveurs en pierres fines les plus célèbres ont gravé des aiguières, des vases d'église pour les princes. Il y en avoit plusieurs dans le garde-meuble de la République; ils sont aujourd'hui dans le Muséum des Arts.

Partie méchanique de la Glyptique.

Les anciens ne nous ont point laissé de traités sur les procédés de la Glyptique; on trouve seulement quelques traits épars dans les ouvrages de Pline. Mariette en a parlé en détail dans son traité, et Natter a composé sur ce sujet un ouvrage particulier.

Comme c'étoit principalement pour faire des anneaux et des cachets qu'on gravoit les pierres précieuses, les graveurs se nommoient indistinctement *Lithoglyphes*, graveurs en pierres, ou *Dactylioglyphes*, graveurs d'anneaux.

Il paroît que par le mot *scalptor* les Romains désignoient les graveurs en pierres fines (1), et que le mot *cavator* avoit la même acception (2). Parmi les modernes, les Allemands seuls désignent la profession du graveur par un nom univoque (3).

Les instrumens employés par le graveur sont la poudre et la pointe de diamant (4), dont les an-

(1) Saumaise, *ad Solin.* pag. 1100, éd. de Paris.

(2) *Id.* p. 736. D.

(3) *Steine Schneide Kunst.*

(4) Lessing *Briefe*, Tome I, page 205.

ciens connoissoient aussi l'usage, et qui entame toutes les pierres, tandis qu'il ne se laisse entamer par aucune. Une espèce de tour, appelé *touret*, également connu des anciens; la *bouterolle*, petit rond de cuivre ou de fer émoussé, propre à user la pierre et à l'entamer, c'étoit le *ferrum retusum*.

La *scie*, appelée par Pline *terebra* (1).

Les anciens et les modernes ont pratiqué pour la gravure les mêmes procédés; on met, à l'aide du touret, la bouterolle ou la tarrière en mouvement. On use ainsi les pierres au moyen de poudres et de liquides différens.

Les anciens employoient d'abord le *naxium* (2), espèce de poussière de grès du Levant ou pierre à aiguiser. On lui préféra ensuite le schiste d'Arménie, et enfin l'*émeril*, dont on se sert aujourd'hui, et que les anciens appeloient *smyrris* (3) du mot hébreu *smir*. Ils employoient aussi l'*ostracites*, nom qu'ils donnoient à l'os que la seiche porte sur le dos, et qu'on appelle *os de seiche*. Les meilleurs viennent du Tyrol. Les orfèvres s'en servent pour faire des moules de cuillers et de fourchettes. Les anciens s'en servoient comme de la pierre-ponce pour polir; les artistes modernes pourroient bien l'employer au même usage. M. de Veltheim pense qu'on s'en est servi pour

---

(1) Pline XXXVII, 76.

(2) *Id.* XXXVI, 10.

(3) Dioscorides, page 389.

polir la couche inferieure des grands camées (1); on se servoit plus rarement de la poudre de diamant, dont on fait aujourdhui un grand usage.

On humecte ces poudres avec de l'huile ou de l'eau.

La finesse des traits de certaines gravures a fait présumer que les anciens connoissoient les verres grossissans; mais ils n'avoient aucune connoissance de la Dioptrique; ils se contentoient de se récréer la vue avec des pierres vertes : l'invention de la loupe a été très-utile aux graveurs modernes.

Avant de graver les pierres, on les taille en rond ou en ovale. La forme ovale est la plus ordinaire; les anciens n'ont guère employé la forme carrée, la parallélepipède, ni la rhomboïdale.

On polit la surface, qui est bombée ou concave; si elle est bombée, on appelle la pierre *cabochon* : les pierres concaves ont pour objet de raccourcir les figures avec plus de facilite (2); les anciens appeloient ceux qui donnoient aux pierres ces préparations *politores gemmarum* (3).

Pline prétend que les anciens savoient clarifier les cornalines (4): c'est une erreur (5).

---

(1) *Ueber Memnon Bild Saule*, p. 41.

(2) Lessing *Briefe*, Tome II, p. 67.

(3) Lessing, *ibid*, p. 60.

(4) Pline XXXVII. Natter, préface, p. 78.

(5) M. de Veltheim *Ueber Memnon Bild Saule*, p. 45, dit que ce passage de Pline a été mal entendu; mais il n'en

Caylus décrit un procédé du graveur Barrier pour enduire d'une couche blanche les cornalines (1).

Bruckman (2) en a observé une pareille sur plusieurs pierres de sa collection.

Les graveurs choisissoient souvent des pierres qui, par leur couleur, avoient des rapports avec les sujets. Ainsi ils gravoient *Proserpine* sur une pierre noire, *Neptune* et les *Tritons* sur l'aigue-marine, *Bacchus* sur l'amethyste, *Marsias* écorché sur le jaspe rouge, etc.

Les procédés sont les mêmes pour la gravure en creux et pour la gravure en relief. Les gravures en creux se nomment *intailles*, les gravures en relief *camées* (3), et ce nom a passé aux tableaux mono-

---

cite que la moitié *omnes gemmæ mellis decoctu nitescunt*, et il en conclud que Pline ne veut pas dire qu'elles deviennent plus claires dans une décoction de miel, mais qu'on réussit mieux à les polir en employant pour liquide une décoction de miel ; cependant le reste du passage auroit pu lui faire voir que Pline dit expressément que les gemmes se clarifient dans une décoction de miel, puisqu'il ajoute *præcipue Corsici : in omni alio usu acrimoniam abhorrentes ;* il pense donc que c'est l'acrimonie du miel de Corse qui, dans ce cas, pénètre les gemmes et les clarifie. XXXVII, 74.

(1) Caylus, Tome VI, p. 298.

(2) Tome II, 1778, p. 19. Ce procédé vient cependant d'être répété sans succès à l'école des mines.

(3) On a beaucoup disserté sur l'origine du mot camée. M. de Veltheim a trouvé la plus probable ; il vient de l'hébreu *camea*, en arabe *camaa*, qui signifie une amulète ; et comme ces amulètes étoient de sardonyx, et gravées en relief, les pierres de cette espèce ont été depuis appelées *camées*.

chromes ou d'une seule couleur, à cause de leur ressemblance avec les pierres gravées en relief. C'est ordinairement la sardonyx qu'on employe pour faire des camées.

Après avoir fait une gravure, il faut lui donner le poli; les anciens artistes prenoient cette peine eux-mêmes, ce qui fait que le poli le plus parfait est un des caractères des pierres antiques. Les modernes abandonnent souvent ce soin à d'autres mains. Ce poli se donne avec du tripoli et des petits instrumens de buis, ou avec une brosse mise en mouvement par le touret (1). Les anciens se servoient, comme nous l'avons dit, pour donner ce poli aux pierres, de l'os de seiche, *ostracites*. M. de Veltheim pense (2) que nos graveurs pourroient employer la substance interne de l'os de seiche pour donner le poli gras ou mat, si estimé des connoisseurs, parce qu'il ne réflète pas comme le poli brillant.

Les Grecs nommoient l'art de monter les pierres précieuses λιθοκόλλησις (3). Pline appelle metteurs en œuvres *compositores gemmarum* (4) ceux qui choisissoient et assembloient les pierres.

Les Grecs au temps d'Euripide nommoient les bagues σφενδόνη (5), *fronde*.

---

(1) Mariette I, Pl. I, fig. 19.

(2) *Anmerkungen*, etc., p. 70.

(3) Athénée. *Deipnos.* L. XI, c. III, p. 466. B. Macrob. *Saturn.* L. V, c. XXI. Larcher sur Hérod. Tome I, page 203.

(4) Pline XXXVII, 6.

(5) Eurip. *Hipp.* v. 862.

Le chaton ressemble en effet à la courroie qui tient la pierre, et le jonc ou l'anneau à la corde qui l'agite (1).

Pastes et empreintes.

Les anciens ne se contentoient pas de travailler les pierres précieuses; ils savoient aussi les imiter. Dès la plus haute antiquite, les Ægyptiens faisoient des émaux et des verres colorés (2). Sidon, ville de la Phénicie, étoit très-renommée pour ce genre de travail. On nommoit à Rome les pierres fausses *gemmæ vitriæ* ou *vitreæ* (3).

Pline indique les caractères au moyen desquels on peut les distinguer des véritables (4).

Après avoir contrefait les gemmes simples, on a imité les gemmes gravées, et nous avons plusieurs compositions de ce genre; c'est ce qu'on appelle *pastes antiques*. On en trouve souvent dans les tombeaux avec les vases grecs, improprement appelés étrusques; ces pastes sont bleues, vertes, blanches (5), ou grises. Cet art a été restitué en Italie; Homberg,

---

(1) Il est certain, comme l'observe M. Boettiger, que σφενδόνη signifie en général le chaton, ainsi que le prouve l'histoire des Gygès, rapportée par Platon, *de Rep. lib.* II, p. 382, l. 43, édit. de Bâle; c'est aussi le sens que M. Carlo Féa donne au mot *funda* de Pline, XXXVII, 37. Mais le passage d'Euripide cité plus haut prouve qu'on entendoit aussi par σφενδόνη la bague entière.

(2) Pline XXXVI, 26, XXXVII, 7.

(3) Saumaise, l. c. p. 769.

(4) Pline XXXVII, 7.

(5) Boettiger *Ueber vasen gemalde*, I, p. 68.

par les ordres du régent, l'a beaucoup perfectionné en France, et il en a publié les procédés.

Cet art a depuis été porté très-loin par Clachant, Dehen, Reifensten, et en dernier lieu par Lippert et par Tassie.

On fait des empreintes en verre coloré, en cire d'Espagne, en soufre mêlé avec du vermillon, ou en plâtre.

Usage des pierres gravées.

Les anciens se servoient des pierres gravées pour en faire des ornemens et des anneaux; l'antiquité nous en offre un grand nombre d'exemples (1). Avant l'usage des cachets, on se servoit, pour sceller, de morceaux de bois vermoulu (2).

Si les anciens n'avoient point des armories, ils avoient du moins des cachets de famille; Galba substitua à l'image d'Auguste son cachet de famille, qui étoit un chien (3).

Les anneaux étoient en usage à Rome, même au temps des rois; les statues de plusieurs rois romains en avoient aux doigts (4); mais cela ne prouve

---

(1) Kirchmann, *de Annulis veterum.*

(2) Winkelman, Cabinet de Stosch. Aristoph. *Thesmophor. V.* 434.

(3) Dion, l. 51, p. 634, édit. Reimari.

(4) Lessing *Briefe*, Tome I, p. 112.

pas que la gravure en pierres fines fût alors pratiquée à Rome.

Utilité des Pierres gravées.

Les pierres gravées nous retracent une multitude de signes et de symboles intéressans pour l'histoire des mœurs et des usages de l'antiquité.

On y voit les images des Dieux, leurs attributs et les objets relatifs à leur culte :

Les principaux événemens de l'histoire des temps héroïques depuis la guerre de Thèbes jusqu'au retour des Grecs dans leur patrie après la prise de Troye :

Les caractères alphabétiques les plus anciens des écritures grecque, étrusque, latine et persanne; les caractères persépolitains, les hiéroglyphes :

Des statues encore existantes, telles que le Laocoon, d'autres aujourd'hui perdues, comme l'*Apoxyomenos* de Polyclete, la Venus de Praxitele et la tête de la Minerve de Phidias :

Les portraits des hommes célèbres par leur génie, tels que celui de Démosthènes, ou par leur puissance, tels que ceux des empereurs et de différens princes :

Les noms d'un grand nombre d'Artistes célèbres.

Ce sont les monumens les plus utiles pour l'histoire de l'art, dont ils nous servent à suivre les progrès chez les différens peuples.

Les pierres gravées nous aident aussi à reconnoître les pierres dont on trouve les noms dans les ouvrages des anciens naturalistes.

Les peintres y ont trouvé des sujets à imiter;

Raphaël et Michel-Ange en ont fait un grand usage dans leurs compositions.

Critique des Pierres gravées.

On appelle critique des pierres gravées l'art de former un jugement, soit sur leur beauté, soit sur leur antiquité.

Pour juger du mérite d'une pierre relativement à l'art, il faut avoir seulement le goût et le sentiment du beau, et quelques connoissances du dessin.

La distinction des pierres antiques d'avec les pierres modernes est bien plus difficile ; les plus fins connoisseurs y sont eux-mêmes trompés.

On examine si la pierre étoit connue des anciens, s'ils la travailloient, si les bons artistes en faisoient usage.

Les autres caractères sont un travail bien fini, un fond parfaitement poli, le méplat que les modernes imitent si difficilement.

Les pierres qui offrent une perspective ne peuvent être antiques, et les camées sont en général plus suspectés que les intailles.

L'âge des pierres gravées qui offrent des têtes inconnues ou mythologiques ne peut être facilement déterminé ; en général, les sujets mythologiques dont l'explication est difficile sont un indice d'antiquité.

Les graveurs représentoient rarement des sujets pris de l'histoire de leur temps.

L'idée que la cire s'attache moins facilement aux pierres antiques est fausse.

Je donnerai encore quelques autres caractères à l'article des pierres qui portent le nom du graveur.

Pour bien expliquer les pierres gravées, il faut connoître la lithologie, afin d'en déterminer la nature ; savoir l'histoire de l'art pour juger du style, la mythologie et l'histoire pour découvrir le sujet, et avoir une connoissance des autres parties de l'antiquité.

Il faut enfin les considérer à-la-fois sous le rapport de l'art et sous celui de l'érudition

On appelle *cabochons* les pierres convexes, *scarabées* les pierres ovales, qui ont servi de base aux figures de cet insecte ; *grylli*, les têtes très-laides, du nom d'un Athénien connu par sa laideur ; *conjugées*, les têtes représentées sur le même profil ; *opposées*, celles qui se regardent ; *symplegmata*, *caprices*, les têtes groupées d'une manière bizarre, comme la tête de Meléagre avec une hure de sanglier, celle d'une vieille femme avec celle d'un jeune homme ; *chimères*, les animaux qui n'existent pas dans la nature.

La parfaite connoissance des pierres gravées ne peut s'acquérir que par l'usage, et par une observation constante des empreintes, qu'il faut toujours préférer aux estampes.

Glyptique chez les Ægyptiens.

On a attribué jusqu'ici aux Ægyptiens la gloire de la plus haute antiquité dans cet art ; cependant nous allons voir qu'on la réclame pour les Indiens avec une égale justice.

Les Ægyptiens ont porté très-loin la partie méchanique, mais ils ont fait peu de progrès dans la partie poétique ; ils ne se sont point élevés jusqu'au bel art.

Ils employèrent d'abord la gravure pour leurs hiéroglyphes ; ils s'appliquèrent ensuite à graver les pierres dures, et ils inventèrent les premiers procédés de la Glyptique.

Il y a plus d'intailles ægyptiennes que de camées. La plupart des pierres ægyptiennes ont la forme du *scarabée*, insecte qui étoit sacré en Ægypte, et les figures sont gravées sur le plat. On a dans la suite fait sauter la partie convexe qui représentoit le *scarabée* ; on n'a conservé que la partie plate, taillée en ovale, pour la monter en bague ou en cachet : telle est l'origine de la forme ovale des pierres gravées, et c'est pour cela qu'on les appelle souvent *scarabées*, quoiqu'on n'y voie plus la figure de cet insecte.

Les Ægyptiens ont gravé sur toutes sortes de pierres ; ils ont employé le schiste calcaire, la cornaline, la chalcédoine, le jaspe, l'émeraude, le basalte, le porphyre, la stéatite, le lapis lazuli, l'Hæmatite et la turquoise.

Les figures sont ordinairement exécutées avec soin, mais d'un dessin sec et roide ; on distingue le style ægyptien du style ægyptien-grec, quand les sujets ægyptiens on été exécutés par des artistes grecs, et du style d'imitation au temps d'Hadrien.

Les pierres ægyptiennes nous offrent les divinités

du pays et toutes les figures de l'écriture représentative, symbolique et hiéroglyphique réunies ou séparées.

Les hiéroglyphes mêlés sont sur plusieurs lignes transversales ou horisontales.

On distingue parmi les hiéroglyphes séparés la *croix ansée* et différens *tourbillons*.

Parmi les figures représentatives ou symboliques, la *persea*, le *lotus*, le *cynocéphale*, l'*épervier*, le *scarabée*, le *crocodile*, le *sphinx*.

Parmi les divinités, *Isis*, *Osiris*, *Horus*, *Anubis*, *Harpocrates*, etc. isolés ou réunis, souvent dans une barque de papyrus et avec différens attributs, tels que le *sistre*, la *citule*, le *fouet* (1).

On prétend que les Ægyptiens ne gravoient pas des camées (2). Il est vrai que les camées ægyptiens sont très-rares, et qu'on n'en connoît pas d'un très-ancien style; cependant on peut regarder la partie supérieure des scarabées, qui est en relief, comme de véritables camées (3).

Les pierres ægyptiennes ne sont pas très-communes: le cardinal Borgia en possède un assez grand nombre. J'ai publié (4) une notice de celles de la collec-

---

(1) Catalogue de Tassie, I. — 432.

(2) Klotz, p. 27. Caylus, I, 24.

(3) Lessing, *Antiquarian Briefe*, I, 126.

(4) Magasin Encycl., première année, Tome IV, p. 123.

tion nationale. Natter et Vinckelman ont décrit les plus belles pierres ægyptiennes connues.

Glyptique en Asie.

On attribue aux Ægyptiens l'antériorité pour toutes les découvertes, parce que c'est le peuple le plus ancien sur lequel l'histoire nous ait transmis des détails circonstanciés ; cependant leur civilisation prouve une existence bien antérieure à l'époque à laquelle nous pouvons remonter par les écrits des historiens et par les traditions.

Il a dû exister avant eux des peuples qui avoient une civilisation, et par conséquent des connoissances des différens procédés des arts; c'est ce que Bailli (1) et d'Hancarville (2) ont démontré.

Cette question nous mèneroit trop loin ; nous ne devons la traiter qu'en ce qui tient à la Glyptique.

Il est certain qu'on a trouvé dans l'Inde des pierres polies et gravées avec des caractères shauscrits, qui annoncent que l'art du lapidaire et du graveur y étoit connu dans une époque très-reculée. M. Raspe (3) cite des pierres gravées du cabinet de MM. Touwnley et Wilkin, et en donne la description ; les pierres sont des lapis et des émeraudes ; les figures ressemblent à celles des grottes de la Salcette près de Bombay, et de l'île d'Ele-

---

(1) Lettres sur l'origine des Sciences.

(2) Histoire de l'Art du Dessin.

(3) Catalogue, n°. 713 — 717.

phanta (1); le travail ne le cède point aux meilleurs ouvrages de l'ancien style ægyptien.

L'histoire nous fournit des traces de la Glyptique dans l'Asie, mais dans un temps moins éloigné.

L'usage des anneaux étoit commun en Perse. Assuérus présenta son anneau à Esther (2); Alexandre signa ses premiers actes en Perse avec le cachet de Darius (3).

Nous avons dans la collection nationale des pierres persépolitaines, décrites la plupart par Caylus (4); ce sont des cylindres de turquoise, de jaspe, d'hæmatite, de lapis ou d'achate, percés dans leur longueur pour être suspendus en amulette.

Les figures sont longues et maigres; elles ont un costume particulier, et sont accompagnées de caractères persépolitains semblables à ceux de Tchelminar.

Nous avons aussi des portraits des rois Parthes et Sassanides avec des inscriptions; le C. Silvestre de Sacy en a dernièrement expliqué quelques-unes (5); elles sont sur des amethystes et des cornalines.

Glyptique en Afrique.

Les anciens habitans de l'Afrique ont aussi prati-

---

(1) Niebuhr, Tome III. *Archæologia Britann.* Tomes VII et VIII.

(2) Esther, cap. VIII, 8.

(3) Curtius, L. VI, c. 6.

(4) Tome I, p. 54, Tome III, p. 50, 140, Tome V, p. 37; elles sont dans la Collection nationale.

(5) Mémoires sur diverses Antiquités de la Perse. Paris. 1793, *in*-4°.

qué la Glyptique ; ils en devoient peut-être la connoissance aux Ægyptiens.

Les Æthiopiens, selon Hérodote, gravoient des cachets (1) ; les pierres du rational du grand-prêtre portoient le nom des Tribus (2).

Comme la religion musulmane ne permet point la représentation des images, les pierres gravées arabes et mahométanes ne nous offrent que des inscriptions ; on y lit le nom du propriétaire ou un passage du Coran (3). Je possède cependant un empreinte d'une pierre sur laquelle l'écriture est disposée de manière qu'elle forme un homme à cheval (4).

On trouve encore des pierres avec des inscriptions arabes ou cuphiques (5) ; on a cru d'abord que c'étoient des monnoies (6) ; on sait aujourd'hui (7)

---

(1) L. VII, 68.

(2) Exod. XXVIII, 21.

(3) Reland, *de Gemmis Arabicis.*

(4) Le citoyen Langlès doit en donner la description dans le Magasin Encyclopédique.

(5) Adler *Mus. Cuphicum Borgianum.*

(6) Assemani *Museo Cufico Naniano.*

(7) Tychsen, *Introductio*, §. VII, *de vitris*, p. 149. Ejusdem, *additamentum* 1. *de vitris*, §. VI, p. 99.— Silvestre de Sacy, sur quelques monnoies arabes. Magasin Encyclopédique, année 3, Tome III, p. 56.

que

que ce sont des tessères pour avoir part à des distributions d'argent ou de bled.

Glyptique chez les Etrusques.

Les Etrusques paroissent avoir reçu des Ægyptiens les procédés de la Glyptique ; mais ils la pratiquoient antérieurement aux Grecs ; ils avoient, comme les Ægyptiens, des pierres taillées en scarabées, ou taillées de scarabées.

Quoiqu'ils en ayent reçu les procédés des Ægyptiens, ils ont suivi leur propre génie, et leurs pierres portent un caractère particulier, tant pour l'art que pour les sujets qui y sont représentés.

Beaucoup de pierres regardées comme étrusques sont du premier travail grec ; il y en a peu en relief : les sujets sont pris ordinairement dans le système religieux des Grecs.

Caylus, Winckelman, et en dernier lieu M. Lanzi ont publié plusieurs pierres étrusques.

La détermination du style étrusque n'est pas très-certaine ; on assigne pour caractère le grainetis qui entoure les gravures, la roideur et le dessin forcé des figures, la forme des lettres, l'orthographe, les divinités ailées que les Grecs représentent sans ailes, et les figures presque toujours accompagnées de leur nom.

Les principales pierres étrusques représentent :

Les chefs devant Thèbes ; il y en a cinq,

Adraste, Polynice, Tydée, Amphiaraüs et Parthénopée.

Pelée offrant sa chevelure au fleuve Sperchius.

Tydée se frottant avec un strigile pour se purifier : Winckelman croit qu'il se tire un javelot du pied ; Visconti le regarde comme une copie de *l'Apoxyomenos*, belle statue de Polyclete, qui représentoit un homme dans cette attitude.

Capanée, foudroyé sur les murs de Thèbes.

Thésée, dans les prisons d'Aidonée, selon Buonarotti (1). M. Lanzi croit que son attitude exprime son exil à Scyros, quelque temps avant que Lycomede le précipitât du haut d'un rocher (2). Le cardinal Flangini, dans sa belle traduction d'Apollonius, rapporte cette pierre à *Théras*, fils d'Antesion, qui conduisit dans l'île Calliste une colonie de Spartiates (3).

Persée, tenant d'une main la tête de Méduse, de l'autre, la harpe avec laquelle il l'a coupée.

Achilles, mettant ses knemides, armure des jambes si souvent citée par Homère.

Ajax, enlevant le corps d'Achille de la mêlée.

Hercules, emportant le trépied.

---

(1) *Vetri antichi*, page 266.

(2) *Saggio della Lingua Etrusca*, T. II, p. 154.

(3) *L'Argonautica, di Apollonio*, Tome II, à la fin.

Hélène, avec des ailes comme fille de Némésis.

Généralités sur l'art et sur le beau idéal.

Avant de parler de la Glyptique chez les Grecs, quelques considérations préliminaires sur l'art en général ne seront pas inutiles.

L'art est la manière de représenter les objets physiques eux-mêmes, ou de les offrir par des symboles.

Ainsi, les artistes représentent, ou des images prises dans le monde visible, ou des images emblématiques qui rappellent des idées abstraites ; c'est l'origine de l'allégorie.

Le but réel de l'art est la perfection et la beauté ; on est arrivé à la perfection par l'amélioration de la partie méchanique pour l'exécution de la partie poëtique.

Les premiers ouvrages n'étoient que des ouvrages de l'art ; la perfection dans la partie poëtique en a fait des ouvrages du bel art.

L'Archæologie n'a long-temps été appliquée qu'à décrire les monumens pour commenter les auteurs, et expliquer les usages.

Elle doit être employée à un but encore plus utile, à nous donner l'histoire du bel art, et à nous en révéler les secrets par la comparaison des idées des anciens avec celles des modernes.

L'art n'est donc qu'une imitation de la nature dans ce qu'elle a de grand et de beau.

Les Ægyptiens et les Indiens ont, comme nous l'avons vu, été très-loin dans la partie méchanique de l'art.

Les Etrusques ne sont arrivés au bel art que par leur communication avec les Grecs.

Les Grecs se sont pour ainsi dire élancés vers le bel art, parce qu'ils ne se sont pas bornés à une simple représentation de chaque objet, mais à former un tout des parties les plus belles de chaque objet, pour produire le dernier degré du beau, sans cependant rien former qui n'eût été donné par la nature.

Le mérite des ouvrages qui ne représentent qu'une nature commune et ordinaire ne peut exister que dans une parfaite ressemblance.

Mais les images des dieux, des grands hommes même, obligent les artistes à s'affranchir d'une imitation servile.

Cette combinaison de toutes les belles formes pour en composer une seule, qui n'existe pas, mais dont toutes les parties existent, est ce qu'on appelle le beau idéal.

Il consiste dans la perfection des formes;

Dans l'harmonie qui naît des proportions des parties;

Dans une expression sentimentale qui remplit les créations de l'art d'attraits et de charmes, et qui se peint dans les traits du visage, dans l'attitude du corps.

Toutes ces perfections se trouvent dans la figure humaine.

De là, les artistes ont donné aux dieux la figure

humaine, mais en réunissant ce que chaque partie du corps humain pouvoit offrir de plus beau.

Les formes des dieux et des héros étoient donc idéales; ils accompagnoient leurs figures de symboles qui servoient à les distinguer, ce qui étoit d'autant plus nécessaire qu'ils les représentoient nuds.

Dans les portraits mêmes ils unissoient toujours l'art à la vérité, de manière à embellir la nature sans rien faire perdre à la ressemblance.

Les objets hideux ne leur paroissoient point du ressort du bel art; ils croyoient que l'art ne devoit pas être dégradé par de semblables représentations.

Dans l'imitation des passions ils ne choisissoient que celles qui s'annoncent au-dehors par des mouvemens doux et légers; ils ont rejeté les mouvemens convulsifs qui rompent l'équilibre nécessaire aux différentes parties du corps.

La beauté ne peut guère être jugée que par le sentiment.

On distingue le beau moral et le beau physique; celui-là seul appartient à l'art.

La beauté idéale est donc celle qui est dépouillée de toutes les imperfections qui tiennent aux individus.

On appelle cette recherche et cette imitation du beau, *l'art* (1), quels que soient les procédés qu'on

---

(1) On peut voir dans mon Introduction à l'Archæologie, p. 29, un court apperçu de l'histoire de l'Art chez les Grecs.

employe ; c'est principalement l'objet de la peinture, de la gravure, de la sculpture, enfin, de tous les arts qui naissent du dessin.

Glyptique chez les Grecs.

Les Grecs ont reçu des Egyptiens les procédés de la Glyptique.

Il n'est pas aisé de déterminer la première époque de la gravure en pierres fines chez les Grecs.

Pline pense que les anneaux n'étoient pas connus aux temps de la guerre de Troye (1). Plutarque avance le contraire ; Polygnote, selon lui, avoit représenté Ulysse avec un anneau (2).

Théodore de Samos est le premier graveur dont le nom soit cité ; il avoit gravé en 740, avant l'ère chrétienne, cette fameuse émeraude que Polycrate jeta dans la mer (3).

Les Cyrénéens aimoient tellement les anneaux que le plus économe en portoit un de dix mines (4).

Le joueur de flûte Isménias, qui vivoit vers la quatre-vingt-quinzième Olympiade, acheta une smaragde sur laquelle on avoit représenté la nymphe Amymone (5) ; les pierres gravées étoient un article essentiel du luxe des joueurs de flûte.

---

(1) Plin. XXXIII, 1.
(2) *De Solertia Animalium.*
(3) A. L. Millin, sur l'anneau de Polycrate.
(4) Ælian. *Var. Hist.* XII, 30.
(5) Plin. XXXVII, 1.

On regarde comme une des plus anciennes pierres gravées celle qui représente Othryades mourant, qui est figurée dans l'ouvrage de Natter (1).

Noms des Graveurs.

Parmi les pierres gravées, on distingue sur-tout celles qui portent les noms des anciens graveurs, parce que, outre leur mérite réel, elles ont une grande utilité pour l'histoire de l'art; mais aussi la supposition des noms des graveurs est devenue un grand objet de spéculation parmi les brocanteurs et les faussaires.

Cet usage d'écrire son nom sur ses ouvrages est commun aux divers artistes grecs.

Pour distinguer si les noms sur les pierres gravées ne sont pas supposés, on examine la forme des lettres, l'orthographe, les points ronds qui les terminent; si la pierre est d'une nature assez belle pour avoir été travaillée par un grand artiste.

En général, les pierres étrusques portent le nom du personnage qu'elles représentent; les pierres grecques celui de leur auteur; les pierres romaines celui du propriétaire.

Quelques graveurs ont joint à leur nom la dénomination de leur profession; d'autres ont ajouté celui de leur père, de leur maître ou de leur patron. On voit quelques pierres qui portent le nom de deux graveurs dont elles sont également l'ouvrage.

---

(1) Traité, page 29; Lippert, p. II, nº. 961.

Parmi les modernes, ceux qui ont le mieux réussi à imiter les noms des graveurs anciens sont Flavien Sirletti, Laurent Natter et Antoine-Jean Pikler.

Stosch et Bracci ont publié les pierres qui portent le nom des graveurs.

Il seroit infiniment utile pour l'histoire de l'art de distribuer les graveurs anciens selon les époques; mais cette classification offre des difficultés inimaginables à cause du défaut de caractères chronologiques, de l'usage des anciens de mettre le nom de l'auteur sur les copies comme sur l'original, et de la supposition des noms; enfin à cause du défaut de saine critique des deux écrivains auxquels il faut nécessairement s'attacher.

J'avois essayé cette classification autant que mes foibles connoissances me le permettoient; je rectifie aujourd'hui ce catalogue d'après les lumières que le savant Visconti a bien voulu me fournir dans un mémoire manuscrit qu'il a eu la bonté de m'adresser (1).

Graveurs antérieurs au siècle d'Alexandre.

J'avois d'abord établi une époque antérieure à celle-ci; mais, d'après les conseils de l'immortel Visconti, je réunis la première à la seconde.

Voici donc les noms des graveurs qu'on peut supposer avoir existé avant le siècle d'Alexandre.

---

(1) *Osservazioni su il Catalogo degli antichi incisori in gemme.*

Théodore de Samos. Nous avons cru qu'il avoit gravé l'anneau de Polycrate (1). Pline lui attribue l'invention du tour (2).

Mnésarque, père de Pythagore (3) ; il ne nous reste pas de ses ouvrages.

Héius, ΗΕΙΟΥ (4). Nous avons de lui une Diane chasseresse, vêtue d'une longue robe (5). La manière sèche, l'ordonnance des traits de la figure qui sont maigres et déliés, le grainetis de la bordure l'ont fait regarder par Stosch comme un très-ancien artiste. Winckelman regarde l'H comme une aspiration (6). M. Visconti (7) pense que ce nom est trisyllabique, et qu'il faut prononcer *Eeus.* Les exemples de trois voyelles de suite sont fréquens dans la langue grecque (8).

Phrygillus, ΦΡΥΓΙΛΛΟΣ. L'Amour sortant de l'œuf (9).

---

(1) *Supra,* p. 54.

(2) Pline VII, 57.

(3) Diogène-Laërce, L. VIII, *vita Pythagoræ,* p. 214, édit. Lond. Suidas voce πυθαγόρας.

(4) J'ai joint dans cette édition les noms écrits en grec, tels qu'on les lit sur les pierres, afin que ceux qui ne savent pas la langue grecque puissent les reconnoître, à la figure des lettres, sur les soufres et les estampes.

(5) Stosch, pl. 36. Bracci 77. Lippert Dactylioth. I 212.

(6) Descrip. n.° 287.

(7) Manuscrit cité, p. 2.

(8) Ἠοῖαι Μεγάλαι. Hésiod. Αἰαίη, épithète de Circé et de la Colchide.

(9) Raspe Catal. pl. X, 411, n.° 6601. Winckelman,

Thamyrus, ΘΑΜΥΡΟΥ. Stosch le croit contemporain de Dioscorides, et peut-être son disciple; il l'appelle mal-à-propos *Thamyris* au lieu de *Thamyrus*. On a de lui un sphynx qui se gratte (1).

Graveurs depuis le siècle d'Alexandre jusqu'à celui d'Auguste.

Admon, ΑΔΜΩΝ, a gravé un Hercule buveur; il est plein de force, mais un peu trop ramassé (2). M. Visconti a cité de lui une belle tête d'Hercule vieillissant, avec les deux lettres ΑΔ. La lettre ω dans son nom est d'une forme postérieure au siècle d'Alexandre.

Apollonides, ΑΠΟΛΛΩΝΙΔΟΥ; Pline l'a cité au nombre des grands Artistes; il ne nous reste de lui qu'un fragment d'une Sardonyx, représentant un bœuf couché (3).

Polyclete de Sycione, ΠΟΛΥΚΛΕΙΤΟΥ, disciple d'Agéladès, un des plus grands statuaires grecs vers la quatre-vingt-septième olympiade; il a porté l'art à son plus haut degré de perfection; il avoit fait une statue que les maîtres nommoient la règle ou le modèle; nous avons sous son nom un Diomède enlevant le Palladium (4). Si il est de lui, c'est le premier

---

cat. p. 137. Lessing, collect. Tome I, p. 275. Busching, p. 34.

(1) Stosch, LXIX. Bracci, CXIII.

(2) Stosch, I. Bracci, pl. 1. Lippert, 1, 603

(3) Stosch, XI. Bracci, XXV. Lippert, II, 1032.

(4) Stosch, LIV. Bracci, XCVI.

graveur qui ait traité ce sujet; mais il est difficile de se le persuader; un ouvrage de ce temps, malgré la beauté du travail, devroit avoir un style sec et forcé, tel qu'il convient à un artiste de l'école d'Agélades antérieur à Praxiteles : peut-être son nom n'est-il ici que pour indiquer que cette pierre est la copie de quelqu'un de ses ouvrages en bronze ou en marbre; mais rien ne confirme cette conjecture.

Pyrgoteles, ΠΥΡΓΟΤΕΛΗΣ ΕΠΟΙΕΙ. Apelles pouvoit seul peindre Alexandre, Lysippe seul le figurer en bronze, et Pyrgoteles seul graver son portrait. Nous avons encore, sous le nom de Pyrgoteles, une tête dite d'Alexandre (1) et une de Phocion (2); mais ces noms paroissent supposés. Le nom de Phocion semble même celui du graveur d'une tête qui a été prise pour celle de cet Athénien, et par la suite on y a ajouté celui d'un maître encore plus célèbre, de Pyrgoteles. M. Visconti a vu une pierre antique, dont l'inscription l'étoit également, qui représentoit Hercule assommant l'hydre en présence d'Iolaüs : le travail étoit médiocre et le nom supposé; elle a passé à Milan dans la collection de Trivulce (3).

Thryphon, ΤΡΥΦΩΝ, auteur du beau camée du duc de Malborough, qui représente les noces de

(1) Stosch, LV.

(2) Bellori, *imag.* 85. Maffei, vol. I, p. 77. Stosch, LVI. V. Bracci, pl. XCIX.

(3) Visconti, *mém. manusc.* p. 5.

l'Amour et de Psyché (1). L'âge de ce graveur est bien déterminé par une épigramme du poëte Addée ou Adée, qui a vécu sous les rois de Macédoine, successeurs d'Alexandre, ainsi que Réiske l'a démontré. Le sujet de cette épigramme étoit une intaille de Tryphon sur un béryle oriental (2).

Chronius, ΧΡΩΝΙΟΥ. Terpsichore debout, figure répétée depuis par Onésas et par Allion. Pline, en plaçant son nom entre ceux de Pyrgoteles et d'Apollonides, a très-probablement suivi l'ordre chronologique ; c'est tout ce qui détermine l'époque à laquelle il appartient (3).

Graveurs du siècle d'Auguste.

Quintus-Alexa, ΙΝΤΟϹ ΑΛΕΞΑ ЄΠΟΙЄΙ. Deux jambes seules nous sont restées d'une figure, au bas de laquelle on lit ce nom. Vettori (4) et Bracci (5) ont publié cette pierre en restituant le corps. Un proverbe dit *ex pede Herculem*. Ces auteurs ont

---

(1) Stosch, 94. Bracci, CXIV. Bryant, *Mythologie*, Tome II, p. 394.

(2) Brunck, *analecta* II, p. 242. Visconti, mém. manusc. page 6.

(3) J'avois placé ici *Agathangelus*, auteur prétendu d'une tête de Sextus Pompée. M. Visconti remarque, d'après Vettori, que son nom a été ajouté par une main moderne sur une pierre antique appartenant à la comtesse de Lunéville.

(4) *Dissertatio glyptographica*, p. 108.

(5) Tome I, page 41.

fait à-peu-près la même chose. Le knémides, espèce de bottines qui accompagnent ces jambes, leur ont fait conjecturer que c'étoit un Achille ; mais, selon Winckelman, c s deux jambes sont d'un travail médiocre.

M. Visconti a vu dans le palais des Barberins une paste antique de verre, qui étoit probablement une empreinte ; on y lisoit ΑΥΛΟϹ ΑΛЄΞΑ ЄΠ, *Aulus Alexæ faciebat*. Il conjecture qu'Aulus étoit le frère de Quintus, et que tous deux étoient fils d'Alexa, diminutif d'Alexandre ; ç'auroient été deux affranchis devenus depuis citoyens romains.

Le C et l'є luniformes doivent plutôt faire regarder Quintus-Alexa comme le fils ou l'élève d'Aulus-Alexa que comme son frère.

Coemus ou *Coenus*, ΚΟΙΜΟΥ ou ΚΟΙΝΟΥ ; on a sous ce nom un Adonis nud (1) et un Faune célébrant les bacchanales (2). Les lettres sont si petites, qu'il n'est pas bien aisé de déterminer l'inscription. M. Visconti pense qu'il faut lire ΚΟΙΝΤΟΥ, et que ce nom est celui de *Quintus*, qui a été mal lu ; nous avons vu cependant qu'il joignoit à ce prénom son nom Alexa.

Agathopus, ΑΓΑΘΟΠΟΥϹ ЄΠΟΙЄΙ, tête d'un vieillard romain inconnu (3). *Voyez* Epitynchanus.

---

(1) Stosch, pl. XXIV. Bracci, LIV.

(2) Stosch, pl. XXII.

(3) Stosch, V.

Aulus, ΑΥΛΟΥ. Stosch a publié cinq pierres avec le nom d'Aulus. Bracci en donne douze ; il y en a encore un bien plus grand nombre, parce que le nom d'Aulus est un de ceux dont les faussaires ont le plus abusé.

Raspe pense qu'il y a eu deux Aulus. Bracci va encore plus loin ; il en reconnoît six. J'avoue que cette distinction me paroît un peu subtile. Les pierres qui sont regardées comme authentiques parmi celles qui portent le nom d'Aulus sont un cavalier grec courant (1), un quadrige (2), une tête de Diane (3), une tête d'Æsculape (4), une tête que Stosch (5) dit être celle de Ptolémée Philopator, et Bracci (6) celle d'Abdolonyme ; il vaut mieux n'y voir qu'une tête inconnue ; elle est au Muséum national. Ces cinq pierres ont été figurées par Stosch. Les sept ajoutées par Bracci sont Vénus jouant avec l'Amour, et portant une baguette en équilibre sur son doigt (7) ; l'Amour attaché à un trophée (8) ; un Amour ailé et lié, bêchant la terre (9) ; le buste d'un cheval qui se cabre (10).

---

(1) Stosch, pl. V.
(2) *Id.* 16.
(3) *Id.* 17.
(4) *Id.* 18.
(5) *Id.* 19.
(6) Pl. XL.
(7) Bracci, Tome I, pag. 173.
(8) *Id.* 32, 33.
(9) *Id.* 35.
(10) *Id.* 39.

M. Visconti pense que les différences de style qui s'observent sur les ouvrages attribués à Aulus sont dues à ce que son nom, quoique d'une écriture antique, a été souvent mis sur des pierres qui n'étoient que des copies de ses ouvrages. En effet, si on compare l'Æsculape du Musée Strozi avec les autres pierres qu'on lui attribue, on pensera difficilement qu'elles soient de la même main (1).

Cneius, ΓΝΑΙΟϹ. Un baigneur, tenant le strigile (2); l'enlèvement du Palladium (3); Hercule jeune (4); une tête inconnue d'une grande beauté, et que Bracci (5) dit être celle de Cléopâtre; un Athlète, se frottant d'huile pour le combat (6) : on lui attribue encore une Junon Lanuvina, d'une grande beauté, ou plutôt, comme le dit Winckelman, Thesée, ayant sur la tête la dépouille du taureau de Marathon (7); mais l'inscription est l'ouvrage du célèbre Pikler.

Dioscorides, ΔΙΟΣΚΟΥΡΙΔΗΣ. Apollonides, Chronius et Dioscorides sont, après Pyrgoteles, les trois célèbres graveurs cités par Pline. Dioscorides étoit sous Auguste ce que Pyrgoteles étoit sous Alexandre; il nous reste de lui plusieurs ouvrages sublimes :

---

(1) *Vide supra*, p. 60. Art. Alexa.
(2) Bracci, pl. 52.
(3) *Idem*, 50.
(4) Stosch 23.
(5) 53.
(6) Natter, pl. 25.
(7) Bracci, Tome I, p. 269.

Stosch en a gravé sept. Deux bustes d'Auguste (1); une tête inconnue, que Baudelot a dit être celle de Mécène, et que Stosch croit être celle de Cicéron. Elle appartient au Muséum national (2). Mercure voyageur avec le petase, le caducée et la penule (3); Diomèdes, enlevant le Palladium (4); Persée, regardant la tête de Méduse (5). Bracci en a ajouté d'autres; une tête d'Io (6); Mercure Criophore, c'est-à-dire, portant un bélier : ouvrages sublimes (7). Ces deux gravures ont été copiées par Natter, Pikler, Sirletti et d'autres artistes celèbres.

Le nom de Dioscorides doit s'écrire Dioscourides; il signifie fils de Jupiter. Castor et Pollux étoient appelés, pour cette raison, les *Dioscoures*.

M. Visconti ne pense pas que les deux Mercures attribués à Dioscorides soient sortis du même touret; il regarde son *Io* comme une des plus belles gravures connues. Un de ses plus beaux ouvrages est son Démosthènes sur une amethyste (8), que Bracci et Winckelman ont regardée comme une tête inconnue.

M. Visconti a découvert la patrie de Dioscorides

---

(1) Pl. 25 et 26.
(2) *Idem*, 26.
(3) Stosch, 28.
(4) *Id.* 29.
(5) *Id.* 30.
(6) Bracci, pl. 63.
(7) Pl. 64.
(8) Winckelman, *Monumenti inediti.* T. II, p. 108.

sur

sur une pierre d'Eutyches son disciple ou plutôt son fils. Elle représente Minerve ; on y lit ΕΥΤΥΧΗϹ ΔΙΟϹΚΟΥΡΙΔΟΥ ΑΙΓΑΙЄѠϹ ЄΠ. *Eutyches Dioscoridis ægæi faciebat ;* il étoit donc d'Ægée, ville de l'Æolide, dans l'Asie mineure.

Epitynchanus, ЄΠΙΤΥΓΧΑ. Tête de Sextus Pompée (1). Gori regarde ce graveur et *Agathopus* comme des affranchis de Livie, parce que leurs noms se trouvent dans les sépulcres des domestiques de la maison d'Auguste. Tous deux ont le titre de *Aurifex*, orfèvre, profession souvent réunie avec celle de graveur en pierres fines ; cependant ce n'est qu'une conjecture.

M. Visconti attribue encore à Epitynchanus une belle cornaline du chevalier d'Azara, représentant Bellerophon, monté sur pégase, avec l'inscription ЄΠΙ.

Eutyches, ЄΥΤΥΧΗϹ ΔΙΟϹΚΟΥΡΙΔΟΥ ΑΙΓΑΙЄѠϹ. ЄΠ, fils ou élève de Dioscorides, et peut-être l'un et l'autre (2).

Solon, ϹΟΛѠΝ ЄΠΟΙЄΙ. ϹΟΛѠΝΟϹ. C'est lui qui a mis son nom à une tête qu'on dit être celle de Mécène ou de Cicéron (3) ; on la regardoit, à cause de la ressemblance des noms, comme celle du législateur Athénien ; ce fut Baudelot qui découvrit l'erreur :

---

(1) Stosch, p. 42.

(2) *Supra*, p. 64.

(3) Stosch, 62.

Solon est aussi l'auteur d'une belle tête de Méduse (1).

Graveurs du temps de Tibère.

Les graveurs que je vais citer, si on ne considéroit que le style, pourroient difficilement se séparer des graveurs qui ont travaillé sous Auguste ; mais je les place sous le règne où il est évident qu'ils ont dû vivre par la considération des portraits qu'ils nous ont laissé.

Ælius, ΑΕΛΙΟΣ. Une tête de Tibère (2).

Graveurs du temps de Caligula.

Alphée et *Aréthon*, ΑΛ+ΗΟΣ ΣΥΝ ΑΡΕΘΟΝΙ. On a plusieurs exemples de groupes et de statues, ouvrages de deux maîtres ; celui-ci est le seul d'une pierre travaillée par deux graveurs. L'ouvrage qu'ils ont fait en commun est un camée représentant Germanicus et Agrippine. Montfaucon, trompé par la conformité des noms, croyoit que c'étoit *Alphée* et *Aréthuse* sous les traits de Germanicus et d'Agrippine (3).

Alphée et Aréthon ont encore gravé en commun le portrait du fils de Germanicus, du jeune Caligula (4).

Alphée n'a pas toujours travaillé en commun avec

---

(1) *Id.* 63.
(2) Bracci, pl. 11.
(3) Bracci, pl. 15.
(4) *Id.* pl. 16.

Aréthon; nous avons de lui un chef-d'œuvre de l'art qui atteste son talent; c'est le triomphe d'un roi barbare, traîné dans un bige, et couronné par la victoire (1). On cite encore différentes pierres avec le nom d'Alphée; mais leur authenticité n'est pas bien démontrée.

Aréthon n'a laissé aucun ouvrage qu'il ait exécuté seul.

Graveurs du temps de Titus.

Evodos, ΕΥΟΔΟϹ ΕΠΟΙΕΙ. Il y a eu plusieurs artistes de ce nom. Celui-ci a gravé sur une pierre, qu'on croit être une aigue-marine (2), le portrait de Julie, fille de Titus et de Marcia, célèbre par ses amours avec son oncle Domitien. La grandeur et la beauté de la pierre (3), le fini de l'exécution, la ressemblance des traits, la singularité du costume, tout rend cette pierre remarquable. Elle est au Muséum national.

Nicandre, ΝΙΚΑΝΔΡΟΥ. Auteur d'un autre portrait de Julie (4).

Graveurs du temps d'Hadrien.

Antiochus, ΑΝΤΙΟΧΟΥ. Une Minerve guerrière (5);

---

(1) *Id.* pl. 18.
(2) *Supra*, p. 20.
(3) Bracci, pl. 86.
(4) Bracci, pl. 21.
(5) Winckelm. p. 61.

on lui attribue une tête qu'on croit être celle de Sabine, épouse d'Hadrien ; ses cheveux sont tournés en spirale vers le sommet de la tête, qui est ceinte d'un diadême (1). Cette tête de femme, sans être celle de Sabine, est sûrement un portrait du temps d'Hadrien ; mais le nom est écrit ANTIOXIC, et non pas ANTIOXOC : c'est donc plutôt celui de la femme représentée que celui du graveur.

Anteros, ANTΕΡωΤΟC. Hercule buphage ou mange-bœuf, selon les auteurs (2). Je crois plutôt que c'est un esclave qui porte un grand veau pour un sacrifice. La représentation d'une noce sur une terre cuite antique que j'ai vue chez le citoyen Dufourny, artiste instruit dans l'antiquité, et où j'ai observé la même figure, me le fait penser (3).

Hellen, ΕΛΛΗΝ. Antinoüs sous les traits d'Harpocrates (4).

Graveurs du temps de Marc-Aurèle.

Æpolien, ÆPOLIANI, portrait de Marc-Aurèle très-ressemblant (5).

---

(1) Bracci, pl. 22.

(2) Stosch, 10. Bracci, pl. 20.

(3) Guattani, 1785, p. 31.

(4) Stosch, 37.

(5) Stosch, 2.

On pense que c'est le dernier graveur qui ait mis son nom à ses ouvrages.

Graveurs au commencement de la décadence de l'art.

Gauranus Anicetus, ΓΑΥΡΑΝΟΥ ΑΝΙΚΗΤΟΥ. Combat d'un dogue contre un sanglier (1).

Graveurs dont l'époque est absolument incertaine.

Aetion, ΑΕΤΙΩΝΟϹ. On a de lui une belle tête de Priam (2).

Agathemeros, ΑΓΑΘΗΜΕΡΟϹ. Stosch et Bracci l'ont cru contemporain de Polyclète ; c'est l'auteur d'une belle tête de Socrates (3); la forme de l'E différente de celle du C, qui est luniforme, rend avec raison l'inscription suspecte.

Allion, ΑΛΛΙΩΝΟϹ, et ΑΛΛΙΟΝ. Une joueuse de cythare ; si c'est une muse, ainsi que Bracci l'avance, ce doit être une Terpsichore, ainsi qu'on peut s'en assurer en la comparant avec les muses des peintures d'Herculanum, et les statues des muses du Musée Pio-Clementin, qui paroissent être des copies antiques des célèbres muses de Philiscus. Mais ces chastes déesses étoient entièrement vêtues, ou avoient une tunique avec une seule manche ; je croirois volon-

(1) Stosch, 3.

(2) Stosch, 4.

(3) Bracci, pl. 6.

tiers que cette figure d'Allion, celle de Chronius et celle d'Onesas sont des copies de la statue qui représentoit Sparta, fondatrice de Sparte, chantant et s'accompagnant de la lyre, ainsi que Stosch l'a soupçonné.

On voit encore d'Allion une tête d'Apollon (1); son nom est écrit, tantôt au nominatif, tantôt au génitif; Mariette lui attribue, mais sans fondement, le cachet de Michel-Ange.

Apollodote, ΑΠΟΛΛΟ ΔΟΤΟΥ ΛΙΘΟ. Minerve (2). c'est le seul graveur qui ait joint à son nom celui de sa profession. On avoit d'abord interprété ce nom en le décomposant par ces mots, *pierre donnée à Apollon*; mais on a reconnu depuis que c'est celui du graveur. On attribue encore à Apollodote un Othryades mourant (3). Son style simple, quoiqu'il ne soit pas excellent, peut faire présumer qu'il a vécu avant le siècle d'Auguste.

Apollonius, ΑΠΟΛΛΩΝΙΟΥ. Diane des montagnes, un flambeau à la main (4).

Aspasius, ΑCΠΑCΙΟΥ. Une tête de Minerve (5). La conformité du nom du graveur avec celui d'Aspasie a fait soupçonner d'abord que cette tête étoit celle de cette célèbre courtisane. Cette Minerve paroît

---

(1) Bracci, pl. 8.

(2) Bracci, pl. 23.

(3) *Id.* pl. 21.

(4) Stosch, n°. 12.

(5) Stosch, 13.

copiée d'après le buste de la Minerve de Phidias (1); malgré cela la forme du C ne permet pas de la placer à une époque antérieure, et le jaspe rouge sur lequel l'artiste a travaillé rend encore l'époque à laquelle il a vécu plus incertaine. Il n'est pas probable qu'il ait gravé une pierre si commune dans le temps florissant de l'Empire romain. On connoît trois ouvrages de lui sur jaspe rouge.

Athénion, ΑΘΗΝΙΩΝ. Jupiter foudroyant les Titans; beau camée (2).

Hyllus, ΥΛΛΟΥ, auteur d'un beau taureau Dionysiaque, qui est au Muséum des Antiques (3), d'un Hercule jeune (4), d'une tête de femme avec un diadême (5), et d'une tête de vieillard avec un diadême et une longue barbe (6). La conformité de son taureau avec celui des Médailles autonomes de Sybaris peut le faire regarder comme ayant vécu avant le siècle d'Auguste.

Onésas, ONHCAC. Une Léda, une Muse (7). Hercule couronné d'olivier (8).

Philémon, ΦΙΛΗΜΟΝΟC. Thésée ayant assommé

(1) Eckhel, Cabinet de Vienne, pl. 17. Levêque, traduction de Thucydide.

(2) Bracci, pl. 20.

(3) Mariette, pl. 42.

(4) Bracci, pl. 78.

(5) Stosch, 39.

(6) *Id.* 38.

(7) *Id.* 40.

(8) 46.

le Minotaure, et considérant le corps de son ennemi étendu à l'entrée du labyrinthe (1).

Mith, ΜΙΘ, peut-être *Mithrane* ou *Mithridate*; une tête de cheval jusqu'au poitrail (2). Le nom doit être celui du graveur; car dire que c'est le portrait du cheval de Mithridate, et que cette pierre a appartenu à sa célèbre Dactyliothèque, c'est une supposition trop forte.

Pamphile, ΠΑΜΦΙΛΟΥ. Achille jouant de la lyre, amethyste du Muséum national (3). Il a répété le même sujet. Il y a eu un excellent sculpteur, disciple de Praxitèle, qui se nommoit Pamphile; on a conjecturé qu'il avoit gravé cette amethyste; mais cette conjecture est trop légère pour ne pas placer Pamphile parmi les incertains.

Axéochus, ΑΞΕΟΧΟΣ ΕΠ. Un Faune nud jouant de la lyre après d'un enfant monté sur une base, et qui tient un thyrse. Entre eux deux est un croissant (4).

Diphilus, DIPHILI (5). Un vase avec deux masques au-dessus de l'anse. On trouve ici une particularité, c'est un mot grec écrit en caractères latins, tandis que les noms des Artistes romains sont le plus souvent écrits en caractères grecs; cela peut faire douter de l'authenticité de l'inscription.

---

(1) Stosch, 51. Bracci, 94.

(2) Bracci, pl. 74.

(3) Mariette, pl. 92.

(4) Bracci, 91. Stosch, 20.

(5) Raspe, pl. 40, n°. 5515.

Myrton, ΜΥΡΤΩΝ. Une Léda (1).

Nicomaque. Un Faune assis sur une peau de tigre (2). On voit la même figure sur une médaille de la famille Pétronia ; c'est probablement la copie d'une statue antique. Stosch a lu *niconas*.

Pergame, ΠΕΡΓΑΜΟΥ. Une jeune Bacchante (3).

Plotarque, ΠΛΩΤΑΡΧΟΣ. L'Amour porté sur un lion, et jouant de la lyre (4). Sa manière peut faire présumer qu'il étoit antérieur à Auguste.

Scylax, CΚΥΛΑΚΟC. Une tête d'aigle (5), un Hercule musagète, c'est-à-dire, conducteur des Muses (6).

Seleucus, CΕΛΕΥΚ. Une tête de Silène (7).

Sosthènes, CѠCOCN, une belle Méduse (8). Stosch et Bracci lisent CѠCOΚΛЄ, *Sosocles* ; mais l'inscription n'est composée que des six lettres suivantes CѠCOCN, qu'on doit interpréter par COCΘЄN ; le trait horizontal du Θ et de l'Є manque souvent dans les inscriptions (9).

---

(1) Stosch, pl. 43.
(2) Stosch, 44.
(3) Stosch, 49.
(4) *Id.* pl. 54.
(5) *Id.* 59.
(6) Bracci, 102.
(7) Stosch, 84.
(8) *Id.* 69.
(9) Visconti, Mémoire manuscrit, p. 15 ; il en a aussi rapporté plusieurs exemples dans les *iscrizioni Triopee*.

Sostrate, ϹѠϹΤΡΑΤΟΥ. Une Victoire dans un bige (1); un Cupidon qui dompte deux lionnes attachées à un char (2).

Sotrate, ϹѠΤΡΑΤΟΥ. Méléagre présentant à Atalanthe la tête du sanglier de Calydon (3).

Teucer, ΤΕΥΚΡΟΥ. Iole et Hercule (4). Son style peut le faire placer avant le siècle d'Auguste.

Apelle, ΑΠϹΑΛΟΥ. Un masque scénique (5). Bracci a lu *Apsalus*, ΑΠϹΑΛΟΥ; mais dans le temps où on employoit le C luniforme, on n'écrivoit pas ΠϹ; on réunissoit ces deux lettres en un Ψ: il faut donc lire ΑΠЄΛΛΟΥ, Apellus. Il arrive souvent que le trait horizontal de l'Є a été omis par le graveur, ou qu'il n'est pas aperçu par le lecteur (6).

Carpus, ΚΑΡΠΟΥ. Bacchus et Ariane (7), Hercule et Iole (8).

Euplus, ЄΥΠΛΟΥ (9). Un Amour porté sur un dauphin qu'il conduit avec un frein. Le mot Euplus ne signifie peut-être, au lieu du nom du graveur, que *heureuse navigation*.

---

(1) Raspe, n°. 7774.
(2) Stosch, 82.
(3) Bracci, pl. 111.
(4) Stosch, pl. 68.
(5) Bracci, pl. 18.
(6) Visconti, Mémoire manuscrit, p. 14. Supra, p. 72.
(7) Stosch, 22.
(8) Raspe, n.° 6019.
(9) Bracci, 72.

Euthus, ΕΥΘΟΥ. Un Silène assis au milieu de petits Amours qui jouent de la lyre et de la double flûte (1).

J'aurois pu grossir beaucoup cette dernière liste. Je n'ai cité que les artistes les plus importans, et dont les noms paroissent les plus authentiques.

Du style des Grecs.

Nous venons de voir la nomenclature des principaux graveurs grecs au temps où ils ont cultivé cet art dans leur patrie, et après leur établissement à Rome.

Il ne faut pas croire que tous les ouvrages grecs soient parfaits. Quoique le talent fût commun dans la Grèce, il ne suffisoit pas d'être Grec pour avoir du talent ; nous avons même plusieurs ouvrages grecs très-médiocres.

Chacun avoit d'ailleurs un talent particulier ; celui-là rendoit mieux les draperies, cet autre le nud ; l'un excelloit par l'expression, l'autre par la grace ; mais les ouvrages des grands artistes grecs ont, quoique dans des genres différens, un caractère national qui se reconnoît en s'exerçant le jugement, et qui se sent mieux qu'il ne se peut définir.

Souvent ils gravoient très-profondément, d'autres fois ils donnoient à leurs figures un très-léger relief ;

(1) Bracci, pl. 71.

ce genre est d'une extrême difficulté, et sa parfaite exécution fait un des grands mérites de Dioscorides.

En général, les Grecs s'adonnoient plus à la gravure en creux qu'à la gravure en relief.

Ils ignoroient la perspective; ils y suppléoient cependant par le plus ou le moins de profondeur qu'ils donnoient aux différentes parties.

Ils ne multiplioient pas les figures; ils ne les accumuloient pas dans un petit espace.

Ils étoient habiles dans la représentation des animaux

Ils préféroient de représenter le nud, et les belles gravures faites dans la Grèce sont rarement drapées; mais les figures faites à Rome ont plus ordinairement de longues draperies; il en faut excepter celles de Dioscorides, qui n'a suivi que le goût de sa nation; toutes ses figures, à l'exception de son Mercure, sont nues (1).

Graveurs Romains.

Les pierres gravées par les Romains sont très-loin en général d'avoir le mérite de celles des Grecs; les règles du dessin ne sont pas violées, mais il n'est pas élégant; on n'y sent ni élévation ni génie.

Nous avons vu que le goût des pierres gravées passa à Rome avec celui des autres monumens de l'art; il se soutint jusqu'à Septime-Sévère, et

(1) Mariette, L. I.

commença ensuite à décliner entièrement ; on trouve assez de têtes d'Antonin Pie, de Marc-Aurèle, de Lucius Vérus; mais celles de Gordien, de Maximin, de Philippe sont très-rares. Lippert cite cependant une assez bonne tête de Valérius Probus, et une de Constantin le jeune.

Je classe parmi les artistes romains, ou du moins étrangers à la Grèce, ceux dont le nom ne me paroît pas d'origine grecque, ou bien est écrit en latin; la liste n'en est pas considérable.

Aquilas, ΑΚΥΙΛΑϹ. Vénus au bain (1). L'Amour lui présente un miroir.

Félix, ΚΑΛΠΟΥΡΝΙΟΥ ϹΕΟΥΗΡΟΥ ΦΗΛΙΞ ЄΠΟΙЄΙ, l'enlèvement du Palladium. Il étoit probablement affranchi de Calpurnius-Severus (2).

Quintillus, ΚΥΙΝΤΙΛ. Un Neptune sur une aigue-marine (3).

Rufus, ΡΟΥΦΟΥ. ΡΟΥΦΟϹ ЄΠΟΙЄΙ. Une figure de Ptolémée VIII (4). L'aurore conduisant un quadrige, et tenant un flambeau dans la main droite. Le même sujet se voit sur une médaille de la famille Plautia, avec un masque au revers, en mémoire de Plautus Rufus, qui avoit ramené à Rome les joueurs de flûte retirés à Tibur.

On cite un grand nombre de pierres avec des

---

(1) Raspe, n°. 6225.
(2) Stosch, 35.
(3) Bracci, pl. C.
(4) Raspe 9823. Pierres gravées d'Orléans, Tome I, p. 195.

noms romains ; mais ces noms sont plus probablement ceux des propriétaires que des graveurs (1).

Glyptique dans le Bas-Empire.

Tous les arts ont décliné dans le Bas-Empire, celui de la gravure comme les autres ; les ouvrages que nous conservons à la Bibliothèque nationale sont un Valentinien III (2), un Caracalla, sur lequel on a écrit le nom ΠΕΤΡΟC (3), Caracalla et Géta se donnant la main; mais il n'y a point de morceau de ce temps d'un grand mérite.

Quoiqu'on ait avancé que l'auteur du portrait de Marc-Aurèle est le dernier qui ait mis son nom à ses ouvrages, d'après le travail, la forme des lettres, l'orthographe, ceux qui ont écrit leurs noms sur les pierres suivantes ont probablement vécu dans le Bas-Empire.

Chæremon, ΧΑΙΡΗΜΩΝ, une tête de Faune (4).

Phocas, ΦΟΚΑC, un Pancratiaste avec un vaisseau dans l'éloignement (5).

---

(1) On place ici communément une belle tête de dogue avec un collier, vue de face, attribuée à Caïus ; mais M. Raspe Tassie Catal, n.° 227, pense, avec beaucoup de raison, que le nom est supposé, et que la gravure est un ouvrage de Natter, qui la fit à Florence pour le baron de Stosch.

(2) Histoire de la Sainte-Chapelle, page 56.

(3) *Id.* Cette pierre est sur la couverture d'un manuscrit.

(4) Winkelman, catalogue, n°. 238.

(5) Raspe, n°. 8001.

Nicephore, ΝΙΚΗΦΟΡΟC, un Mercure dans le cabinet du Landgrave de Hesse-Cassel.

Un des ouvrages remarquables de ce temps est la pierre appelée le *saphir de Constance;* elle appartenoit autrefois au Muséum de France; elle est aujourd'hui dans la collection du marquis Fulci-Rimiccini à Florence; elle représente l'empereur Constance attaquant un sanglier auprès de Cæsarée de Cappadoce (1).

---

(1) La pierre représente un chasseur qui attaque un sanglier. On lit au-dessus du chasseur CONSTANTIUS AUG, et au-dessus du sanglier ΧΙΦΙΑC. Au bas il y a une femme couchée, tenant une corne d'abondance; on lit au-dessus ΚΕCΑΡΙΑ ΚΑΠΠΑΔΟΚΙΑ au lieu de ΚΑΙCΑΡΙΑ, ΚΑΠΠΑΔΟΚΙΑC.

Gassendi nous apprend, dans sa vie de Peiresc, que ce savant pensoit que ce saphir représentoit Constance chassant un monstre marin, appelé *Xiphias* par Strabon, Polybe, Ælien, etc.; cependant ce nom est celui d'un poisson appelé ainsi, parce qu'il a à la mâchoire supérieure un os qui se prolonge sous la forme d'une épée: c'est notre *espadon*. (Xiphias gladius L.)

Ce nom ne peut donc convenir à l'animal de la pierre, qui est évidemment un sanglier. Le professeur Oberlin et Lami ont cru que c'étoit le nom du graveur; mais la pierre représente l'empereur Constance chassant un sanglier près de Cæsarée de Cappadoce; le nom de Constance est écrit au-dessus du chasseur, celui de Cæsarée au-dessus de la figure qui représente la ville. *Xiphias* ne peut donc être que celui du sanglier chassé. Ce nom imposé à notre *espadon* aura aussi été donné à cet énorme sanglier à cause de ses défenses redoutables comparées à des épées, du mot grec ξίφος, épée.

Amphoterus, ΑΜΦΟΤΕΡΟΥ. Il a gravé une tête qu'on dit être celle de Rhoemetalces, roi de Thrace; mais la ressemblance qu'on y prétend trouver n'est nullement démontrée (1).

Ammonius, ΑΜΜΩΝΙΟΥ. Un faune (2).

Glyptique du moyen-âge.

Dans le moyen-âge tous les arts furent anéantis; cependant celui de graver les pierres fines s'est conservé plus long-temps.

Plusieurs ouvrages grecs de ce temps nous sont parvenus; ils représentent divers sujets de l'ancien et du nouveau testament, avec de longues inscriptions grecques, telle est la sardonyx publiée par Gori au frontispice de son trésor des dyptiques (3).

Plusieurs pierres de ce temps se distiuguent par la grandeur des onyx (4).

Ceci me conduit à l'explic. du nom d'un animal de la mosaïque de Palestrine; on lit au-dessous ΞΙϬΓΙ

M. de Jussieu n'a pu l'expliquer; il a lu Ξιστι. l'animal a l'air d'un sanglier, et il faut lire ΞΙΦΙΑϹ. La ligne perpendiculaire du Φ a été dérangée; l'A s'est aussi défiguré, et le C s'est oblitéré en déplaçant la mosaïque. La seule inspection de l'inscription suffit pour démontrer combien ce désordre a été facile.

(1) Bracci, Tome I, page 92.

(2) Raspe, pl. XXXIX, n°. 4510.

(3) *Tesoro de Dittici.*

(4) *Supra*, p. 30.

On

On trouve sur-tout en Orient, à Constantinople, des gravures, même près du temps de la plus grande barbarie : on doit cet avantage à la fabrication des monnoies, qui ne sauroit se passer de graveurs pour la confection des coins.

Mais l'Occident avoit vu disparoître de bonne heure jusqu'aux moindres traces de cet art.

La religion chrétienne s'étant répandue en Europe, on ne recherchoit plus les anciennes pierres gravées, comme offrant les objets du culte ; on ne les employoit que pour cacheter. Pépin scelloit avec un Bacchus indien (1). Charlemagne avec un Sérapis.

Bientôt on ne cacheta plus avec des pierres gravées ; on n'en porta plus en bague ; elles disparurent ; elles furent dispersées, ensevelies ; on en ornoit les châsses dans les églises, et c'est ainsi que des pierres antiques très-précieuses nous ont été conservées.

Les gravures de ce temps n'offrent guères que des sujets pieux, des images de Jésus-Christ et de la Vierge, ou simplement leurs monogrammes (2).

Des pierres gravées les plus célèbres.

Avant de venir à la Glyptique chez les modernes, il est bon de dire un mot des pierres gravées les plus célèbres.

Parmi les intailles, je citerai celles que j'ai déjà

(1) Mariette, T. I, p. 32, 33.

(2) Busching, p. 77.

fait connoître, avec le nom des graveurs, l'*Io*, le *Démosthènes*, le *Persée* et le *Mercure* de Dioscorides, le *Taureau* d'Hyllus, l'*Hercule* de Cnéus, la *Méduse* de Solon, la *Julie* d'Evodus, etc., etc.

Une des plus célèbres, parmi celles qui n'ont pas le nom du graveur, c'est le *cachet de Michel-Ange;* on appelle ainsi une cornaline du cabinet national qui représente une vendange; elle a déjà été le sujet de plusieurs dissertations ; elle est nommée le cachet de Michel-Ange, parce qu'elle a appartenu à ce célèbre artiste; elle a été gravée un grand nombre de fois; il en existe beaucoup d'empreintes et de copies.

Mautour y voit des sacrifices en mémoire de la naissance de Bacchus (1) ; selon Tournemine c'est Alexandre sous la figure de Bacchus (2), et le tout a rapport à la conquête de l'Inde; selon Baudelot c'est la fête des Puanepsies (3) établie à Athènes par Thésée. Mariette n'y voit qu'une vendange (4); mais le petit pêcheur de l'exergue indique, selon lui, le nom du graveur Allion ; selon M. Rosman c'est l'éducation et la naissance d'Alexandre (5). M. Thierheim y voit la grande fête des Panathénées (6);

(1) Académie des Belles-Lettres, I, 370.
(2) Mém. de Trévoux, juin 1710.
(3) Fête d'Athènes. Paris, 1712, 4.
(4) Mariette, Tom. II, n°. 54.
(5) Erlangische Anzeigen, 1744, n°. 22.
(6) Raspe, Cat. t. 274.

mais M. de Murr conteste l'antiquité de la pierre (1), et, selon lui, elle est de *Maria di Pescia*, célèbre graveur, ami de Michel-Ange, qui s'est désigné lui-même par le petit poisson.

Parmi les autres intailles, on distingue un Hercule jeune du cabinet national (2). Hercule voilé, comme une jeune Lydienne, du cabinet d'Orléans (3), cinq des chefs devant Thèbes, etc., etc.

Parmi les pierres en relief, on remarque principalement la sardonyx de Tibère, qui étoit autrefois à la Sainte-Chapelle, à laquelle elle avoit été donnée par Charles V, ce qui l'a soustraite au pillage du trésor des rois sous Charles VI. Elle a été apportée en France par Baudouin, comte de Flandres; c'est la plus grande sardonyx connue. Elle représente sur la ligne du haut l'apothéose d'Auguste et tous les princes de la maison de Tibère mis au nombre des Dieux; sur le rang du milieu on voit Germanicus rendant compte à Tibère de son expédition en Germanie; son épouse Agrippine et son fils Caligula sont près de lui; plus bas, au rang inférieur, on voit les nations vaincues : tel est le précis des explications données par Tristan (4),

---

(1) Bibliothèque des Beaux-Arts, Tome I, p. 375. Il se fondoit sur ce que les figures qui ressemblent à deux autres de la Sixtine étoient sûrement sur le plafond de cette chapelle avant que la pierre, d'où on les prétend imitées, fût connue. Il a abandonné cette opinion.

(2) Mariette, Tom. II, n°. 31.

(3) Pierres gravées d'Orléans, Tome II, p. 31.

(4) Commentaire Hist. Tom. I, p. 81.

Leroi (1), Albert Rubens (2), fils du grand peintre de ce nom, Peiresc (3), Montfaucon (4), Morand (5), etc. qui tous varient dans les détails.

On conserve, dans le Muséum de Vienne, une pierre également belle, quoique moins grande; il n'y a que deux rangées de figures; mais le travail en est plus fini, et elle n'est pas fragmentée; elle étoit autrefois à l'abbaye de Poissy, d'où elle a été emportée pendant les guerres civiles. Elle représente l'Apothéose d'Auguste avec son épouse Livie sous la figure de Rome, et accompagné de sa famille. Derrière lui sont Neptune et Cybèle, symboles de sa puissance sur la terre et sur la mer (6).

On voit dans ce Muséum un autre camée très-précieux, représentant Rome et Auguste, un aigle impérial (7), Claude et sa famille (8), Ptolémée et Arsinoë (9).

Il faut encore citer parmi les grands camées l'Apothéose de Germanicus du Muséum national (10); Agrippine et Germanicus sous les traits de Cé-

---

(1) Achates Tiberianus.
(2) Gemmæ Tiberiana et Augustea.
(3) Vita Peirescii, L. III, p. 188.
(4) Ant. Expl. T. V. L. IV. C. X.
(5) Hist. de la Sainte-Chapelle, p. 58.
(6) Eckhel, pl. 2, 3, 4.
(7) *Idem*, p. 24.
(8) *Idem*, p. 26.
(9) *Idem*, p. 28.
(10) Académie des Belles-Lettres, Tom. I, p. 276.

rès et de Néoptolème, également au Muséum national (1).

Ulysse du même Muséum sur une cornaline ; différens portraits de Tibère, Claude, Marc-Aurèle, Faustine, Hadrien, Antinoüs, conservés dans le même Muséum.

Le fameux camée du Muséum Odescalchi, actuellement dans celui du Vatican. Lachausse (2) et Galéotti (3) y voient un Alexandre avec sa mère Olympias ; M. Visconti (4) y voit plutôt Ptolémée, Euergetes et son épouse Bérénice. Ce camée est remarquable par le travail et à cause de son volume ; mais il est formé de la réunion de plusieurs pierres, et c'est pour cacher les jointures que l'artiste a donné un collier à chacune de ses figures.

Il faut encore citer le grand camée du cardinal Carpegna, représentant Bacchus et Ariane dans un char traîné par des centaures (5).

Outre ces grands camées, qui ressemblent à des tableaux, on conserve dans des cabinets des coupes très-remarquables ; ces coupes de pierres précieuses étoient appelées *gemmæ potoriæ* (6).

---

(1) *Ibid.* p. 278.

(2) *Museum Romanum*, sect. 1.

(3) *Museum Odescalchum*, Tome I, p. 15.

(4) Mem. Manuscrit, p. 19.

(5) Buonarotti *Medaglioni antichi*, p. 427.

(6) *Supra*, p. 14.

Ces coupes sont ordinairement de sardonyx ; les plus célèbres sont :

Le vase de Brunswick de 6 pouces de hauteur ; il appartenoit à la famille Gonzaga, et fut volé en 1630, dans le sac de Mantoue, par un soldat qui le vendit au duc de Brunswick pour 100 ducats ; c'est de là que lui sont venus les noms de vase de Brunswick et de vase de Mantoue ; il représente l'histoire de Cérès cherchant Proserpine et celle de Triptolème. Eggeling en a publié la description.

Le Muséum national possède une superbe coupe qui a été donnée à St-Denis par Charles III. Elle représente les objets consacrés aux mystères de Cérès et de Bacchus ; elle a été décrite et figurée par Tristan (1), Félibien (2) et Montfaucon (3).

Le roi de Naples a également une très-belle coupe. M. Bianchini y voyoit Alexandre montant au ciel et son frère Aridée (4) ; Maffei y trouve Ptolémée Auletes et sa famille (5) ; Mariette un tableau des honneurs rendus à Cléopâtre (6) ; Barthélemy Cérès et Triptolème (7) ; Vincent-Marie Santoli Octave et Romulus ; M. Visconti Isis, Horus, le

(1) Comment. Hist Tom. II, p. 603.

(2) Histoire de l'abbaye de Saint-Denis, Tom. I, L. 1, C. 22.

(3) Antiq. expl. T. 1, pl. 167.

(4) Acad. des Belles Lettres, T. XXX, p. 511.

(5) *Osserv. Littér.* Tome VI, p. 339.

(6) Tome II, p. 399.

(7) Mosaïque de Palestrine, Mémoires de l'Académie, Tome XXX, p. 511.

Nil et les Nymphes ses filles (1) : cette dernière opinion est la plus probable.

Le vase gravé le plus célèbre est celui qui a passé de la collection des Barberins dans celle du duc de Portland ; il est composé d'un verre de deux couleurs ; la première couche est amethyste, elle en fait le fond ; la couche blanche supérieure forme le bas-relief exécuté au touret, et d'un fini parfait. Il offre plusieurs figures. Ce vase a été expliqué jusqu'ici avec peu de succès ; il a été gravé par Lachausse (2), Bartoli (3), Montfaucon (4), Foggini (5), Piranèse (6), d'Hancarville (7) et King (8). Wedgwood (9) a donné un mémoire sur le procédé avec lequel ce vase a été fabriqué ; il l'a imité, mais imparfaitement.

Le Muséum national possède un fragment antique représentant Persée ; il devoit appartenir à un vase semblable à celui-ci.

Renaissance de la Glyptique.

Tous les arts entraînés par la chûte de l'Empire

---

(1) *Museo Pio-Clementino*, Tome III, pl. C.
(2) *Museum Romanum.*
(3) *Sepolcri Antichi.*
(4) Ant. expl., Tome V, pl. 6.
(5) *Museum Capitolinum.*
(6) *Roma antica.*
(7) Vases étrusques.
(8) *Archæologia Britannica*, Tome VIII, p. 307.
(9) Catalogue des Camées.

romain se relevèrent après la prise de Constantinople; l'art de la gravure dut sur-tout à cet événement sa restauration; il s'étoit conservé dans l'Orient, et les graveurs grecs se réfugièrent en Italie.

Quoique la Glyptique fût plus cultivée dans l'Orient, elle n'avoit pas été cependant absolument anéantie en Occident; mais le goût avoit totalement disparu. On a des gravures faites en Occident dans le quinzième siècle; mais cet art a été restauré quand les Médicis encouragèrent les artistes venus de l'Orient, et ceux nés dans l'Italie.

Le goût qu'ils témoignèrent pour les pierres gravées devint dominant parmi les gens riches; toutes les parures, tous les vases en étoient ornés. Comme le relief ajoute à cette espèce d'ornement, on fit alors plus de camées que d'intailles.

Pour connoître l'histoire des graveurs modernes, on peut lire *Vasari*, *Mariette* et *Giulianelli*.

Graveurs Italiens du quinzième siècle.

Un des premiers graveurs du quinzième siècle, parmi ceux qu'on peut regarder comme les restaurateurs de l'art, se nommoit *Jean*, et la réputation qu'il s'étoit faite pour les intailles le fit surnommer *Jean des cornalines*; il a gravé le portrait de Savonarole.

Dominique fut appelé *Dominique des camées*, parce qu'il excelloit dans la gravure en relief. Il a gravé le portrait de Ludovic Sforce.

Michelino, *Marco de Benedetti*, *Marco*,

Attio, *Moretti*, *Francesco Francia*, *Leonardo de Milan*, et *Sevère de Ravennes* s'acquirent aussi beaucoup de réputation.

Tagliacarne se nommoit probablement ainsi à cause de son habileté à graver les cornalines.

Foppa, orfévre de Milan, étoit surnommé *Caradosse*, parce qu'il étoit bossu.

Graveurs Italiens du seizième siècle.

La liste des graveurs Italiens du seizième siècle est beaucoup plus nombreuse; c'est l'époque la plus florissante de cet art chez les modernes, et ce siècle a produit des artistes dignes des maîtres anciens qu'ils prenoient pour modèles; les principaux sont :

Pierre-Marie di Pescia en Toscane, admirateur passionné des anciens, et leur fidèle imitateur; c'est celui à qui M. de Murr attribuoit la gravure du célèbre cachet de Michel-Ange.

Jean Bernardi et *Castel Bolognèse*; ce dernier a beaucoup gravé de vases de crystal, et de pierres, pour le cardinal Farnèse; il est mort en 1557.

Matteo del Nassaro, né à Véronne, suivit François I en France, et y répandit le goût de la gravure. Le Muséum des Arts et celui des Antiques possèdent plusieurs de ses ouvrages; il y en a un qui représente une bataille, et sur une enseigne on lit : O. P. N. S., *opus Nassarii scalptoris*; il mourut en 1547.

Jean-Jacques Caraglio, de Véronne, graveur d'estampes, de pierres fines et de médailles.

Valerio Vicentino, que d'autres nomment *Valerio Belli*. Mariette a publié son portrait dans son Traité, page 46; c'est un des plus laborieux et des plus grands artistes de ce genre; il a gravé beaucoup de sujets tirés de l'histoire romaine; il mourut en 1546.

Alessandro Cesari, surnommé *il Greco* à cause de son application à imiter le style des grands maîtres grecs. Il a gravé un beau portrait de Henri II, roi de France.

Jacques de Trezzo, à qui on attribue la première gravure en diamant; j'ai déjà cité ses portraits de Philippe II et de don Carlos sur une topaze; il est mort en 1587.

Clément de Birague; on lui attribue aussi la gravure sur diamant.

Annibal Fontana, auteur de plusieurs ouvrages sur crystal.

Philippe Santa Croce, dit *Pippo*, simple berger, qui gravoit sur des noyaux de prune et de cerise des reliefs très-délicats. Philippe Doria le rencontra dans le duché d'Urbin, le fit instruire, et l'établit à Gènes.

Antoine Dordoni, mort à Rome en 1584.

Flaminius Natalis, 1596.

Graveurs Italiens dans le dix-septième siècle.

L'art de la gravure, qui avoit été si florissant dans

le seizième siècle, déchut beaucoup dans le dix-septième; il fut même si peu cultivé que plusieurs procédés, plusieurs pratiques de l'art se perdirent, et il fallut que les célèbres artistes du dix-huitième en inventassent de nouveaux.

Le plus distingué est *André*, surnommé le *Borgognone*; il travailloit vers 1670.

Les autres sont *Pierre Mochi*, *Adoni Taddeo*, *Castrucci*, et quelques autres.

On doit principalement à la conservation de l'art dans ce siècle à Ferdinand II, qui continua les traitemens faits aux artistes qui travailloient dans la galerie de Florence, et leur en assigna même de nouveaux.

Graveurs Italiens au dix-huitième siècle.

Ce siècle a vu paroître des artistes dignes de placer leur nom à côté de ceux des Pyrgoteles, Solon, Aulus et Dioscorides. La plupart ont travaillé à Florence.

Flaviano Sirleti, mort en 1737, a copié plusieurs ouvrages grecs; il excelloit à imiter les lettres antiques; ses ouvrages sont signés, Φ. Τ. Σ. ΦΛΑΒΙΟΥ. ΤΟΥ ΣΙΡΛΕΤΟΥ. *Les Costanzi*, *Jean*, *Thomas et Charles* son fils. *Dominique Landi. François Ghinghi. Jérôme Rossi. Etienne Passalia. François Borghighiani.*

Félix-Bernabé; il signe souvent, Φ. Β.

Les Torriccelli. Lorenzo Masini.

Pikler, un des plus grands artistes modernes, né dans le Tyrol d'Antoine Pikler graveur, qui mérite aussi quelque réputation. Quoique Jean Pikler fût né sujet de l'Empereur, il doit être compté parmi les artistes italiens, parce que c'est en Italie qu'il a pris le goût et les leçons de son art, et qu'il a exécuté ses chefs-d'œuvres; il a fait un très-grand nombre de gravures, dont plusieurs égalent l'antique. M. Rossi a écrit sa vie; elle a été traduite en français (1).

Ceux qui exercent à présent à Rome la gravure avec le plus de succès sont MM. *Santarelli*, *Massini et Capperoni.*

A Naples, *Rega*, artiste, dont quelques gravures égalent l'antique.

Il y a aussi à Naples une artiste Romaine, célèbre en ce genre; *la signora Talani.*

Graveurs Allemands.

Les Allemands ont obtenu, après les Italiens, le premier rang dans la gravure en pierres fines

Le plus ancien artiste connu est *Daniel Engelhard*, de Nuremberg, mort en 1552; il ne gravoit que des armoiries pour des cachets.

---

(1) Magasin Encyclopédique. Troisième année, Tome III, p. 472. Cette notice a été tirée séparément, et se vend chez Schuler et compagnie, à l'imprimerie du Magasin Encyclopédique.

Lucas Kilian a été surnommé le *Pyrgoteles Allemand;* on ne connoît cependant de lui que des cachets sur des pierres dures.

George Hoefler, mort en 1630.

Evrard Dorsch, mort en 1712.

Christophe Dorsch, mort en 1732, artiste très-laborieux.

Philippe-Christophe Becker, mort en 1743.

Marc Tuscher, célèbre graveur d'estampes; mais il n'a pas été loin dans la gravure en pierres fines.

Antoine Pikler, né à Brixen dans le Tyrol, père du célèbre Jean Pikler.

Laurent Natter, un des plus célébres praticiens et des plus grands théoriciens; il a fait un grand nombre de gravures admirables, et il est l'auteur de l'excellent ouvrage intitulé: *Traité de la méthode antique de graver en pierres fines.* Il est mort en 1763 (1).

Graveurs Anglais.

Les bons graveurs Anglais n'ont pas été très-nombreux; on cite principalement,

Thomas Simon, qui a gravé le portrait de Cromwell.

Charles Christian Reisen, auteur d'un portrait de Charles II; il est mort en 1725.

Brown. Il a gravé beaucoup de cupidons.

---

(1) Busching, p. 93.

Marchant ; on a de lui de bons ouvrages.

Graveurs Français.

Nous avons vu la gravure, rétablie en Italie dans le quinzième siècle, y fleurir dans le seizième, décliner dans le dix-septième, refleurir dans le dix-huitième ; nous avons considéré ses commencemens en Allemagne et en Angleterre dans le dix-septième siècle.

Ce fut *Matteo del Nassaro* qui en apporta le goût en France, quand il y vint à la suite de François I.

Le premier graveur français qui se soit illustré dans la Glyptique a été *Coldoré*, qui a vécu dans le seizième siècle jusques à Louis XIII ; il a gravé plusieurs portraits qui existent dans la collection nationale ; Mariette pense que c'est le même qui a été connu depuis sous le nom de *Julien de Fontenay*.

Maurice, Milanais, qui gravoit à Rouen, mort en 1732 à 80 ans.

François-Julien Barrier, mort en 1746.

Louis Siriès, qui travailloit dans la galerie de Florence ; son mérite consistoit à renfermer le plus grand nombre de figures dans le plus petit espace. Giulianelli en fait un grand éloge ; ses gravures n'étoient, selon Natter, que des égratignures. Siriès ayant travaillé en Italie pourroit être placé, comme Jean Pikler, parmi les artistes de ce pays.

Jacques Guay, le dernier artiste français qui ait

pratiqué la gravure en pierres fines avec succès ; le Muséum des antiques possède une suite d'ouvrages qu'il avoit faits pour Louis XV ; il existe encore ; mais il ne travaille plus depuis long-temps.

Nous avions encore il y a peu de temps un graveur en pierres fines, le citoyen *Simon*, qui, avec du travail, auroit pu se faire une réputation, et auroit conservé au moins en France les procédés et le goût de la Glyptique ; le défaut d'ouvrage et d'encouragement l'a obligé de partir pour l'Espagne.

Etat actuel de la Glyptique.

Cet art est absolument éteint en France ; les Allemands le cultivent encore ; ils font sur-tout des armoiries sur des pierres dures. L'Angleterre possède quelques artistes qui ont du mérite en ce genre ; mais c'est toujours en Italie que la Glyptique est le plus et le mieux cultivée.

Collections de pierres gravées.

Les collections de curiosités en général se nomment *Musées*, et ceux qui en donnent des descriptions *Muséographes*.

On appelle *Dactyliothèques* les collections de pierres gravées.

On fait remonter jusques à Scaurus et à Pompée les premières collections de pierres précieuses à Rome ; mais rien n'indique, ainsi que je l'ai dit, que ce fussent des pierres gravées.

Les pierres gravées sont les monumens les plus nombreux après les médailles. Leur petitesse les dérobe à la cupidité ; leur dureté les fait résister au choc, et elles sont indestructibles par le feu.

Elles s'y altèrent cependant, ainsi que l'attestent celles trouvées dans les tombeaux près des morts ; car on leur ôtoit leur anneau du doigt pour empêcher les *pollinctores* de s'en emparer.

Les pierres gravées se trouvent dans les trésors des églises, sur les châsses, sur les habits sacerdotaux, sur les vêtemens des empereurs d'Orient, autour des vases de crystal montés dans le seizième siècle.

On en rencontre aussi sur les côtes de l'Italie, dans les maisons de campagne des anciens, où ils entretenoient des affranchis uniquement occupés du travail des pierres gravées.

Les Croisés en ont apporté beaucoup de l'Orient, ainsi que les Grecs après la prise de Constantinople.

Collections d'Italie.

Parmi les modernes, Laurent Médicis est le premier qui ait fait une collection de pierres gravées. Elle a été augmentée par les soins de Cosme, de Léopold et de ses successeurs, jusques au duc régnant, qui témoigne aussi le plus grand zèle pour ce trésor littéraire. Cette collection fait partie de la superbe galerie de Florence. On y compte 4,000 pierres gravées, parmi lesquelles il y en a beaucoup de modernes.

Les collections de Barberini et celle d'Odescalchi,

chi, qui avoit appartenu avant à la Reine de Suède, n'existent plus. Les collections célèbres de l'Italie actuellement existantes sont celle du cardinal Borgia à Veletri, principalement pour la suite des scarabées et des pierres ægyptiennes; celle de la maison Farnèse, qui appartient aujourd'hui au roi de Naples.

Celle de Strozzi, qui contient les principaux chefs-d'œuvres de la Glyptique, tels que l'Hercule de Cneus; la Méduse de Solon, celle de Sosthènes; l'Æsculape d'Aulus; le Germanicus d'Epityuchanus; les Muses d'Alion; le Satyre de Scylax et plusieurs autres encore. Gori en a décrit la plus grande partie (1), parce que la famille des Strozzi étoit originaire de Florence, et établie dans cette ville; mais leur Dactyliothèque est dans le palais Strozzi à Rome, et d'après un article du testament de celui qui l'a formée, elle n'en peut sortir sans occasioner la déchéance.

La collection Ludovisi est encore une des plus célébres de Rome; elle appartient à Ludovisi-Buon-Compagni, prince de Piombino; outre le Démosthènes de Dioscorides, on y rassemble plusieurs bonnes gravures antiques et du XVIme. siècle; le propriétaire en donne des collections de soixante-huit empreintes.

On voit aussi à Rome la collection du marquis

(1) *Museum Florentinum*

d'Azara, l'ami de Winckelman et de Mengs, rassemblée par lui-même avec autant de soin que de dépenses; on y remarque des intailles et des camées d'un grand prix, soit relativement à l'art, soit relativement à l'érudition.

La collection du Vatican s'est formée plutôt par hasard qu'avec un dessein suivi; elle contient des morceaux d'un grand volume et d'une prix considérable. Avant l'invasion de l'Italie, M. Visconti se proposoit de la publier.

On trouve encore quelques bonnes gravures dans le Muséum de Kircher, ou du collége Romain, appartenant autrefois aux Jésuites (1).

Collections d'Allemagne.

La plus considérable est celle du roi de Prusse, commencée par l'Electeur Frédéric Guillaume, et augmentée, par Frédéric II, de la collection du baron de Stosch.

Si celle de Prusse est plus intéressante du côté de l'érudition, celle de Vienne l'est davantage pour l'art; on y remarque des camées d'une grandeur considérable et du plus grand prix. Elle est confiée aux soins du savant Eckhel.

Le Conseil de Léipsick a aussi une jolie collection de pierres gravées.

---

(1) Visconti, Mém. manusc. p. 23.

On vient de vendre celle du comte Paul de Praun, à Nuremberg. M. de Murr en a publié le catalogue.

Collections de Danemarck, de Hollande, et de Russie.

Le roi de Danemarck possède dans le château de Rosenburgh, à Coppenhague, quelques vases de sardonyx, et d'autres enrichis de pierres gravées; il a fait travailler dans son palais le célèbre Laurent Natter.

Le prince d'Orange avoit à la Haye une collection de pierres gravées qu'il a emportée dans sa fuite.

L'impératrice de Russie ne possédoit guères de pierre gravées jusqu'au moment où elle fit l'acquisition du cabinet de Natter, mort à Pétersbourg. Elle a depuis considerablement enrichi ce cabinet par l'acquisition de la célèbre collection de la maison d'Orléans.

Une des plus riches collections du Nord de l'Europe est certainement celle que porte toujours avec lui le prince Stanislas Poniatowsky, qui est actuellement à Pétersbourg; le graveur Cades en a formé trois tablettes d'empreintes qu'il vend à Rome, avec un petit catalogue rédigé par M. Visconti, qui en a donné au prince une explication plus étendue.

Collections d'Angleterre.

Les ducs de Bersborough, de Devonshire, de Carlile, de Bedfort, de Malborough ont des collections très-célèbres, principalement le dernier, dont les plus belles pierres ont été gravées par Bartolozzi.

Collections de France.

Plusieurs églises de France possédoient autrefois des pierres gravées ; quelques particuliers, principalement MM. d'Henery, Lareyniere et le comte de Caylus en avoient des collections. La seule qui soit aujourd'hui très-remarquable est celle du Muséum des Antiques à la Bibliothèque nationale, confiée aux soins de mon estimable collègue Barthélemi et aux miens.

Collections d'Empreintes.

On ne peut réunir toutes les pierres gravées dans un cabinet ; mais on y doit former une collection nombreuse d'empreintes. Ces collections sont extrêmement agréables et de la plus grande utilité pour l'étude de l'Histoire, celle des Arts et de toutes les parties de l'Antiquité.

Pikler avoit composé une collection d'empreintes des plus belles pierres ; il vouloit y joindre un catalogue avec des observations sur l'Art. Cet ouvrage, sorti de la plume d'un si habile connoisseur, auroit été de la plus grande utilité. On a publié depuis les empreintes avec une simple nomenclature des sujets.

Lippert a publié une collection de quatre mille empreintes, accompagnée d'un catalogue raisonné très-bien fait et très-curieux par le rapprochement qu'il a fait des passages des plus grands poëtes et des meilleurs auteurs classiques. Cette collection est connue sous le nom de Dactyliothèque de Lippert (1).

On connoît les petites boîtes d'empreintes que les voyageurs rapportent d'Italie.

Tassie a formé à Londres la collection la plus considérable d'empreintes; elle s'élève à plus de quinze mille. M. Raspe en a publié le catalogue.

Le Muséum des Antiques possède une collection d'empreintes assez nombreuse, disposée dans un ordre systématique (2).

Collections de Gravures.

On a publié beaucoup d'ouvrages somptueux qui

(1) Le professeur Oberlin en a donné une courte notice dans le Magasin Encyclopédique, seconde année T. IV, p. 61.

(2) La Glyptique a sur les autres Arts cet avantage qu'on ne sauroit connoître les autres monumens que par des copies, où l'on ne peut rien découvrir de plus que ce que le dessinateur y a vu, au lieu que les empreintes représentent l'objet lui-même, et qu'à l'exception des observations minéralogiques rien n'est perdu pour l'art et pour l'Archæologie : les collections d'empreintes seroient d'une très-grande utilité si la cupidité n'en multiplioit pas trop le nombre, si on n'y entassoit pas les pièces sans gout et sans discernement, ce qu'on peut reprocher souvent à Lippert lui-même, dont la dactyliothèque est pourtant si utile, et sur-tout à Tassie. Les pierres modernes, confondues avec les antiques, donnent aux jeunes Artistes des idées fausses. Il seroit donc à désirer qu'un homme, également instruit dans la Glyptographie et l'Archæologie, fît un choix d'empreintes, en distinguant les antiques des modernes, et en

contiennent la représentation d'un grand nombre de pierres gravées.

Les auteurs ont eu pour objet de rassembler toutes celles sur un même sujet, ou celles conservées dans un même cabinet.

Les premiers ont voulu expliquer quelques points de l'antiquité. Tels sont les ouvrages de Chiflet, sur les *Abraxas*; de Gori, sur les *pierres Astrifères*; de Ficoroni, sur les *pierres qui portent des inscriptions*, etc. etc.

Les autres auteurs sont, à proprement parler, des Muséographes. Leurs principaux ouvrages sont : le *Museum Florentinum*, de Gori; la *galerie de Florence*, par Vicard et Mongez; le *Muséum d'Odescalchi*; la *description des pierres en creux du cabinet du roi*, par Mariette; celle *des pierres du duc d'Orléans*, par Leblond et Lachaux; celle *du cabinet de Vienne*, par Eckhel; du *cabinet de Gravelle*, de *Crassier*, de *Stosch*; celle *du cabinet du duc de Malborough*, etc. etc. etc.

On en trouve aussi dans les différentes collections d'antiques; telles que le *recueil de* Caylus, l'*antiquité expliquée* de Montfaucon; le *Museum romanum*, etc. etc.

Classification des pierres gravées.

J'ai déjà dit un mot de la critique des pierres gravées sous le rapport de l'art et de l'érudition.

---

ne plaçant dans cette collection que les pierres qui en seroient dignes, soit comme objet d'art ou comme objet d'érudition, et en rejetant toutes les répétitions inutiles.

On suit dans leur classification les divisions de l'histoire, en réunissant d'abord les sujets de la fable, ceux de l'histoire héroïque, et enfin ceux de l'histoire grecque et romaine. On termine par les portraits et les mélanges.

On peut encore ranger les empreintes relativement à l'histoire de l'art ; réunir ensemble celles qui ont des noms de graveurs ; enfin, former des collections spéciales relatives aux objets de ses études.

On appelle *cabochons* les pierres convexes ; *scarabées*, les pierres ovales qui ont servi de base aux figures de cet insecte ; *Grylli*, les têtes très-laides, du nom d'un Athénien connu par sa laideur ; *conjuguées*, les têtes représentées sur le même profil ; *affrontées*, celles qui se regardent ; *opposées*, celles qui ne se regardent pas ; *symplegmata*, *caprices*, *chimères*, les têtes groupées d'une manière bizarre, comme la tête de Meléagre avec une hure de sanglier, celle d'une vieille femme avec celle d'un jeune homme.

TABLE

DES MATIÈRES.

Fin de la Table des Matières.

BIBLIOTHEQUE GLYPTOGRAPHIQUE.

AGARD (ANT.), Discours et Roole du Cabinet d'Antiques. Paris, 1711, *in*-8.

Ab Liran Albirami, Gemmarum notio. Casiri Bibl. arab. Hispana, 1760, *in-fol.* 1 vol.

Adler, Museum cuficum Borgianum. Rom. 1782, *in*-4.

Agostini (*Leonardo*), Gemme antiche figurate. Rom. 1657, *in*-4 — Supplém. Rom. 1669, *in*-4. — *Id.* Rom. 1686, 2 vol. *in*-4.

Albertus (*Ferdinandus*), Mysteria Cereris et Bacchi in vasculo, ex uno oniche, etc. Brunsw. 1682, in-4. — Et Antiq. græc. *Gronovii*, VII, p. 57.

Aldini (*Giov. Ant.*), Instituzione glittographica. Cesena, 1785, *in*-8.

Aldus Manutius, de cælatura et pictura veterum. Recueil des Antiq. grecq. tom. IX, p. 803, seq.

Aleander (*Hieronimus*), Navis ecclesiam referentis symbolum in veteri gemma insculptum. Rom. 1626, *in*-8.

Amadutius, Novus Thesaurus gemmarum veterum, *in-fol.* Rom. 1783.

— Epistola de gemma musei Cortonensis militare testamentum exhibente. Accedit appendix sculptorum, gemmariorum qui in Gorii Hist. Glypt. Desiderantur.

André Félibien, de la Gravure sur les pierres précieuses et sur les crystaux, principes de l'Architecture, liv. II, c. 8, 2e édit. Paris, 1690, *in*-4.

Antonioli (*Carl.*), Les cinq Héros de Thèbes. Pisa, 1757, *in*-4.

Arclais de Montamy (*d'*), Traité des Couleurs, et de la manière d'exécuter les camées Paris, 1765, *in*-12.

— En allemand. Léips. 1767, *in*-8.

Aringhi, Roma subterranea, *in-fol.* 1659.

Arlen (*Pierre d'*), De la sympathie des sept métaux, et des sept pierres choisies avec les Planètes. Hambourg, 1717, *in*-8.

Arpe (*Petr. Frid.*), Liber singularis de talismanibus et amuletis. Hamburgi, 1717, *in*-8

Assemani Museo Cufico Naniano. Padoue, 1787, *in-fol.*

BACCHINUS de Sistro, cum Not. Tollii, *in*-4. Traj. ad. Rh. 1696, *in*-4. Flor. 1737, et in Th. A. R. tom. VI, 407.

Bacci (*Andrea*), le XII. Pietre pretiose le quali adornavano i vestimenti del sommo sacerdote. Rom. 1587, *in*-4.

Ballarini (*Simonis*), Animadversiones in Museum Florentin. A. F. Gori. Rom. 1737, 2 vol. *in-fol.*

Bartoli (*Pietro Santo*), Sepolcri antichi. Rom. 1797, *in-fol.*

Baudelot de Dairval, Remarque sur une pierre d'émeraude, du cabinet de madame, que l'on croit être Eucharis, célèbre danseuse, Académie des Inscriptions, tom. III.

— Explic. du cachet de Michel-Ange. Paris, 1712, *in*-4.

— Critique de cette explic. Trévoux, déc. 1712.

— Réflexions sur le prétendu Solon, dont on trouve le nom sur des pierres gravées, tom. III, de l'Acad. des Inscript. p. 406.

— Explication d'une pierre gravée votive. Acad. des Belles-Lettres, tom. I et 1710, *in*-12.

— Explication d'une pierre gravée, relative à la vie licencieuse de Messaline. Paris, 1708, *in*-4.

— Traduction des portraits de Fulvius des Ursins. Paris, 1710, *in*-4.

— Utilité des Voyages. Paris, 1686, 2 v. *in*-12.

— Corrigé et augmenté. Rouen, 1726, 2 vol. *in*-12.

— Histoire de Ptolémée Auletes. Paris, 1698, *in*-12.

Begeri (*Laurentii*), Thesaurus Palatinus, *in-fol.* Heidelb. 1685.

— Thesaurus Brandenburgicus, *in-fol.* 3 vol. Col. March. 1696.

— Spicilegium antiquitatis, *in-fol. ibid*, 1692.

— Bellum Trojanum, *in*-4. Berol. 1699.

— Alcestis e monum. illustrata, *in-fol. ibid.* 1703.

— Ulysses Sirenes prætervectus ex Monum. illustr. *in-fol. ibid.*

— Hercules ex antiquit. reliquiis delineatus, *in-fol.* 1707.

— Poenæ infernales e mon. illustr. *in-fol.* Col. march. 1703.

— Contemplatio gemmarum quarumdam Dactyliothecæ Gorlæi, *in*-4. Col. March. 1697.

— Observ. in N. N. quædam antiqua, *in-fol.* Col. Brand. 1691.

Bellet, Dissertation sur le cachet de M. Gravier, Mém. de Trévoux, mai 1705.

Belley, Sur une améthyste représentant Magas, roi de Cyrène, Acad. tom. XXXVI.

— Sur une pierre gravée de Colosses, *ib.*

Bellorius (*Joh. Petr.*), Veterum Philosophorum Rhetor. Orator. imagines. Romæ, 1685.

Bianchini, La Istoria Universale provata con monumenti, *in*-4. Rom. 1697.

Bœtii de Boot, Gemm. et lapid. hist. Hann. 1609, *in*-4.

Boettiger (*C. A.*), Ueber die Aechteit und Vaterland, der antiken onyx Kameen von ausserordentlicher Groesse. Leypzig, 1796, *in*-8.

Bon (*François Xavier*), Conjectures sur une pierre gravée représentant l'Apothéose d'Antinoüs. Acad. des Belles-Lettres, tom. XIV, p. 117.

Born, Versuch über den Topaz der Alten. Privat gesellschaft in Bohem. Zweyter. Band. p. 15.

Borsen,

Borson, Descript. du Musée du Prince Borgia à Velletri. Rom. 1796, *in*-8. — et Mag. encycl. seconde ann. t. VI, p. 376.

Bosch (*Albertus*), Catalogus numismatum antiquorum, et gemmarum. Hagæ Comitum, 1792, *in*-8.

Braccius (*Ign.*) Phœnicis effig. in Num. et gemm. Rom 1637.

Braci Comm. de Antiquis scalptoribus qui sua nomina inciderunt gemmis, *Flor.* 1784.

Bruckmann (*U. F. B.*) Ueber einen ubeln Gebrauch der neuern italianischen steinschneider *Voyez* Meusel neue miscel. 1796. Drittes Stuck, p. 325-326.

— Gedanken uber einen Ring mit einem convex geschnittenen antiken sarder oder Carneol, welcher verschiedene einwarts hieroglyphische Bilder und unten die inschrift, ΑΝΤΗΡΩΣ enthalt. *Voyez* Meusel Neue Miscel. 1796. Dritter Stuck, pag. 318-321.

Bulenger (*Jul. Cæs.*) De pictura, plastice, et statuaria libri duo. Lugd. 1627, *in*-8. et dans le tom. IX des Antiq. grecques, de Ceronovius p. 809.

Buonarotti (*Filippo*), Osservazioni Istoriche sopra alcuni Medaglioni, etc. Roma, 1698, *in*-4.

Busching, Steinschneidekunst, 1779, *in*-8.

— Entwurf einer Geschichte der Zeichnen den Schœnen Kunste. Hamburg, 1781.

CAMILLI (*Leonardo*), speculum lapidum Venetiis, 1502, *in*-4. Paris, 1610.

Canini (*Gio Angel.*), Image des Héros, etc. Amsterdam, 1731, trad. de l'Italien par Chevrieres. — Le même ouvrage en italien, 1669 *in-fol.*

Capellus, Prodromus iconicus gemmarum Basilidiani generis e museo Ant. Capelli. *in-fol.* Ven. 1702.

Casalius. De Ant. Rom. ritibus 1644, *in*-4. De urbis et Rom. Imp. splendor. Rom. 1650, *in-fol.*

Casanova, Eine Auslegung eines gearbeiteten sardonychs. *V.*

Klotz, Abhandlung. etc. à la fin de son traité.

Casaubon (*Isaac*), De Satyrica Græcor. Poesi, etc. Halae, 1774.

Caylus, Mélanges d'Antiquités, 7. vol. *in*-4°.

— Von Geschnittenen steinen Abhandlung zur geschichte und zur kunst Altenb. 1768, *in*-4. num. 6.

— Recueil de 300 têtes et sujets de composition d'après les pierres ant. du cabinet du Roi.

— Sur la Gravure des Anciens, Acad. tom. XXXII.

— Sur les pierres gravées, *ib.* tom. XIX.

Chamillart, Dissertations sur plusieurs médailles et pierres gravées de son cabinet. Paris, 1711, *in*-4.

Ch u (*de la*), Dissert. sur les attributs de Vénus, *in*-4. Paris, 1776

— et *Leblond*, Description du cabinet des pierres gravées du duc d'Orléans, *in fol.* 2 vol. Par. 1780 et 1784.

Chausse (*Michel-Ange de la*), Romanum Museum. Rom. 1690, *in-fol.* — le même, traduit en français. Amsterdam, 1706, *in-fol.*

— Le Gemme antiche figurate. Roma. 1700, *in*-4.

Checcelius, Explicatio duarum vet. gemmarum musei Oliverii, in Symb Litter. tom. VIII.

Cheron (*Elis. Soph.*), Pierres antiques gravées des cabinets de la France, *in-fol.* Paris. — Dessins de cornalines et médaillons de l'antiquité, *in-fol.* Paris.

Chevalier (*Nicolas*), Recherches d'antiquités, et d'autres curiosités de différentes espèces qu'on voit dans la chambre de raretés de la ville d'Utrecht, 1709, *in-fol.*

Chifletius (*Joannes*), Vetus imago SS. Deiparæ. Antverpiæ, 1661, *in*-4. — Critique de cette dissertation, par M. Ducange, à la fin du tom. III du *Glossarium* latinitatis, etc.

— Aqua virgo, in vetere annulari gemma. Antverpiæ, 1662. et dans le tom. IV des Antiq. rom. de Grævius, p. 1, 1779.

— Socrates sive de Gemmis ejus imagine cœlatis judicium. Antuerp. 1662, *in*-4.

Choul (*Guillaume du*), Discours sur la religion des anciens Romains. Lyon, 1556, *in-fol*; Wesel, 1672, *in-4*. — Le même en italien. Lyon, 1559, *in-4*. — En latin, à Amsterdam, 1636, *in-4*. En hollandais, *ib*. 1684, *in-4*.

Christ, Museum Richterianum, 1743, *in-fol*.

— Abhandlung uber die litteratur und kunst Werke. Leips. 1776, *in-8*.

Cleandro Arnabio, Tesoro delle Gioie. Venezia, 1602, *in-8*.

Cohausenius (*Salent Ernest. Eugen.*) Epistola de Talismane Treverico, t. II, Litter. Amœbeurum. Francf. 1746, *in-8*.

Combe (*la*), Dictionnaire des Beaux-Arts, 1766, 8.

Cornaro (*André*), Lettre sur un diamant gravé de la tête de Néron. Mercure de France, Mai 1723.

Cramer, Series. N. N. gemmarum, statuarum in museo L. B. de Crassier, in-8. Aug. Eburon, 1721. — Et Leod. 1740.

Crassier (*Guilleلmi Bar. de*), Descriptio brevis gemmarum quæ in Museo suo asservantur. Leodii, 1740, *in-4*.

Cumberland, Thoughts on outline, sculpture, and the system that guided the ancient artists in composing their figures and groupes. London, 1796, *in-4*.

Cuperi, Apotheosis homeri, *in-4*. Amst. 1683, et apud Polen. tom. II. — Explic. gemmæ Augusteæ cum apotheosi homeri.

DANIEL (*Gabriel*), Dissertation sur un anneau d'or trouvé près de Bourges en 1716. Mém. de Trévoux, avril 1717. — Description du même anneau. Mém. de Trévoux, juillet 1716.

David, Le Muséum de Florence avec les explications, par Mulot, in-4. tom. I. Paris, 1787.

Daubenton, Tableau méthodique des minéraux, *in-8*. 1772.

Demontiosii (*Ludovici*) *Demontjosieu*, Gallus Romæ Hospes ubi multa antiquorum monumenta explicantur. Romæ, 1585. *Voy*. t. IX des Antiq. Grecq, p. 777, et à la suite de la Dactyliothèque de Gorlée. Amsterdam, 1609, *in-4*. Lugd. 1595, *in-4*.

Doering, De Imaginibus alatis, apud Veteres. Goth. 1786.

Dolce (*M. Lod.*), Libri tre delle diverse sorti delle gemme. Venezia, 1565, *in*-8.

Dominichi (*Ludovico*), Istoria naturale di C. Plinio secundo, tradotta. Venezia, 1561, 1580, 1589, 1613, *in*-4.

Dutens, Des pierres précieuses et des pierres fines, 1778, *in*-12.

ECKHEL, Description des pierres gravées du cabinet Impérial de Vienne, 1778, *in-fol.*

Ebermayer (*Jean-Mart.*), Gemmarum Thesaurus, A. J.-J. Baiero, illustr. com. Noriberg, 1720, *in-fol.*

— Capita Deorum et illustr. homin. nec non hieroglyphica, Abraxea et Amuleta in gemmis, 1720, *in-fol.*

— Effigies Imperat. Regum Franc. et Duc. Venet. in gemmis incisæ, 1722, *in-fol.*

Eschenburg (*Jean-Joachim*), Archæologie der Litteratur und Kunst. Berlin, 1787, *in*-8.

FABER (JOHANNES), Imagines illustrium. Antverp., 1606, *in*-4.

Felibien (*Mich.*), Hist. de l'abb. de Saint-Denis, *in-fol.* Paris, 1706.

— Principes de l'Architecture, de la Sculpture et de la Peinture, 1669, 1690. *in*-4.

Feller; Vindiciæ adv. Eggelingii censuram censuræ, *in*-4. Lips. 1685.

Ficoroni (*Francesc.*), Le maschere Sceniche e le figure comiche. Roma, 1736, *in*-4

— Lettera Sopra un nuovo Cameo esprimente Marcello. Napoli, 1718. et 1726, *in*-8°.

— Gemmæ antiq. a Nicol Galeotti adnot.illustr. Rom. 1757, *in*-4.

Fontanini, Achates Isiacus, commentario illustratus Romæ, 1727, *in* 4.

Freherus (*Marquardus*), Sapphirus constantii, 1602, *i* -4. et à la fin du tom. III du Glossarium latinitatis de *Ducange*. Paris, 1698, *in-fol.*

—Cecropistromachia, 1607, *in*-4.

Thesaurus Romanarum antiquitatum. Grævii, t. IX, p. 1145.

Froelich (*Erasmus*), Annales Compendiarii regum et rerum Syriæ. Viennæ, 1744.

GAFFAREL, Lettre sur deux gravures anciennes. Gren. 1674, 40.

Galeotti, Le Cabinet d'Antiquités, et principalement des pierres gravées de D. L. Odescalchi, sans discours, 1702, *in*-4. — Museum Odescalchum. Rom. 1747, 2 vol. *in-fol.*

Gassendi, Vita Peireskii, hagæ com. 1651, *in*-12.

Geisleri, Dea concordia ex monum illustr. *in*-4. Lips. 1750.

Gersaint (*Edm. Franç.*), Catalogue du cabinet d'*Antoine la Roque*. Paris, 1745, *in*-12.

Giulianelli (*Andrea Pietro*), Memorie degli intagliatori moderni in pietre dure, cammei e gioje dal secolo XV fino al secolo XVIII. In Livorno, 1753, *in*-4.

Gori Historia Glyptographica, tom. II. Dactyl. Smithiana.

— Dactyliotheca Zanettiana, *in-fol.* Ven. 1750.

— Thesaurus veterum Diptychorum, *in-fol.* Flor. 1759.

—Museum Etruscum. Flor 1637, 2 v. *in-fol.*

— Museum Florentinum, 1731 et 1732, 2 vol. *in-fol.*

— Dactyliotheca Smithiana, 1767. *in-fol.*

— Adversaria, sive adparatus pro historia Glyptographica. *V.* Giulianelli, p. 76.

Gorlæi (*Abrahami*), Dactyliotheca, Delphis. 1601, 1609, *in*-4. — Edit. secunda. Lugd. bat, 1695, 1707, 2 v. *in*-4.

Gosmond, Les pierres gravées de Milord Duc de Devonshire.

au nombre d'environ 80, dessinées par Osmond, et gravées par Claude de Bosc. Londres, manusc.

Gravelle (*Mich.-Phil. l'Evesque de*), Recueil de pierres, gravées antiques. Paris, 1732 et 1737, 2 vol. *in*-4

Gronovius (*Jacobus*), Gemmæ et sculpturæ antiquæ depictæ à *Leonardo Augustino* in latinum versæ. *V.* Agostini. — Thesaurus Grecar. antiquit. quibus continentur effigies virorum illustrium. Lugd. bat. 1697, *in-fol.*

Gros de Boze, Observations sur une pierre du Marquis Capponi, représentant une consultation d'Oracle. Acad. des Bell. Lettr. tom. IX.

Grotii (*Hug.*) Commendatio annuli metrica elegiaca. Lips. 1609, *in*-4.

Guattani, Monumenti antichi inediti. Roma, 1784, *in*-4.

HANCARVILLE (D'), Hist. de l'art du Dessin. Londres, 1780, 3 vol. *in*-4.

Hardouin (*Jean*), Explication des noms ΑΒΡΑϹΑΞ, ΑΒΡΑϹΑΔΑΑΕΓΑ. Mém. de Trévoux, septembre 1701.

Havercamp, Museum Wildianum Amsterdam, 1740, *in*-8.

Hay (*Jacques le*), Sur la manière d'expliquer les pierres antiques. Paris, 1710. — Réponse par M. *Moreau de Mautour*. Paris, 1710.

Heckelii (*J. F.*), Commentatiuncula de annulis veterum signatoriis. Rudolfopoli, 1687, *in*-4.

Heidanus (*Carolus*), Thesaurus Numismat. gemmarum, etc. Lugduni, 1697, *in*-8.

Hermsterhuis (*Franç.*), Lettre sur une pierre antique du cabinet de M. Theodore de Smeth. Lahaye, 1762, *in*-4.

Hoffaster, Dactyliographie, 1776, *in*-8.

Homberg (*Guill.*), Manière de copier sur le verre les pierres gravées. Mém. de l'Acad. des Sciences, 1712.

JOHANNIS, Anzeige von einem versuche einer Mythologischen Dactiliothek fuer Schulen. *Voyez* Meusel Miscellaneen tom. II, p. 108.

Junker, Uber fluge und. Geflugelte Gottheiten, *in*-8. Francof. 1786.

KEMP (*Joannes*) Monumenta vetustatis. Londini, 1720, *in*-8.

Kirchmanni (*Joh.*), De Annulis. Lubecæ, 1623. *Id.* Sleswigæ, 1657, *in* 8. Francofurti, 1672, *in*-8. Cum Georgii Longi Gorlæi et Kornmanni tractatibus Lugd. Batav. 1672, *in* 12.

Kitschii (*Henric*), Phrontisma Plinianum arithmologicum de Annulorum aureorum origine, usu, varietate, et efficacia. Lips. 1614, *in*-4.

Klotz (*Cristian Adolph.*), Uber den Nutzen und Gebrauch der alten geschnittenen Steine und ihrer Abdruke. Altenburg, 1768, *in*-8.

— Neue Bibliothek der Schœnen Wissenschaften und der freyen kunste, vol. 7, p. 75 — 93

—Vie de *Jean-Laurent Natter*, Act. Litterar. vol. I, p. 2 et 2?8.

Kæhleri, brevis de gemmis sculptis opere antiquo historia Swabach, 1760, *in*-8. Germanice.

— De Gemmis probe explicandis, Comment. Lips. 1753, *in*-8. B S. 175, 323.

Kornmanni (*Henric*), Tractatus de Triplici annullo, usitato, sponsalitio et signatorio, 1654, *in*-12.

LAET (JOHAN DE), De Gemmis et Lapidibus, libri duo. Lugd. Bat. 1647, *in*-8.

Lambecius (*Petrus*), Achates repræsentans Victoriam August. Dans le livre intitulé, Commentarii de Bibliotheca Cæsarea, à Petro Lambecio. Vindobonæ, 1669, *in-fol.*

Lamothe Levayer (*Franç*), Des Bagues et des Anneaux, tom. II de ses Œuvres. Paris, 1656 - 1662, *in-fol.* 2 vol. p. 412.

H 4

Landringerus (*Daniel*), Dissertatio in Onychen Alexandri Magni, 1686, *in*-4.

Legipontii, Diss. de rei Numariæ et antiquitatum ac Lithologiæ studio, in ej. dissert. *in*-4. Norib. 1746.

Leonardus (*Camillus*), Speculum lapidum. Parisiis, 1610, Hamburg. 1717, *in*-8.

Lessing (*Gotl. Ephr.*), Briefe antiquarichen Inhalts. Berlin, 1768-1769, 2 vol. *in*-12.

Leriget de la Faye (*J. F.*), Recueil de pierres gravées du cabinet de M. J. F. Leriget de la Faye. Paris, *in*-8. 31 pl.

Licetus (*Fortunius*), Hieroglyphica seu antiqua schemata gemmarum annularium. Patavii, 1653, *in-fol.*

— De Antiquis Annullis, liber singularis Utini, 1645, *in*-4.

Lippert (*Philip. Dan.*), Dactyliothecæ universalis. chiliades duæ. Lipsiæ, 1755, *in*-4. — Chilias tertia. Lips. 1762, Chil. quarta, 1776.

Lippert (*Dan.*) Dactyliothek. Dresde, 1768, 2 vol. *in*-4. Supplément, 17 76 1 vol. *in*-4.

Lochnerus, Papaver ex omni antiquitate erutum. Norimberg. 1713, sec. édit. 1719, *in*-4.

— Rhododaphne veterum et recentiorum, etc. Norimberg. 1716, *in*-4.

Loescherus (*Valent. Ernest.*), Exercitatio de talismanibus. Witteb. 1697, *in*-4.

Longi (*Georg.*), Tractatus de Annullis signatoriis Antiquorum sive de vario signandi ritu. Mediol. 1615, *in*-8. Lips. 1709, *in*-8.

MACARIUS (JOHANNES), Abraxas, seu Apistopistus, Antw. 1657. de gemmis basilidianis, *in*-4.

Maffei (*Scipio*), Græcorum Sigla lapidaria descripta. Veronæ, 1746, *in*-8.

Maffei, Gran Tazza d'Agata, nel Museo Farnese, etc. tom. II de ses Osserv. littérarie. Verona, 1738, *in*-12, fig.
— Examen de cet ouvrage. Mercure de France, nov. 1740.
— Cameo del Imperadore. Osservazioni litterar. Verona, 1739, tom. IV.
— Museum Florentinum. Florent. 1731 et 1732, *in-fol.*

Major (*Johan Daniel*), Serapis radiatus, etc. Kilonii, 1685, *in*-4.

Marangoni(*Giovani*), Delle Cose gentilesche. Roma, 1744, *in*-4.

Marbodei, De lapidibus pretiosis Enchiridion, cum scholiis Pictorii Villingensis. Friburgi, 1531, *in*-8. Coloniæ, 1539, *in*-8. Basileæ, 1555, *in*-8. Wolfenbuttelæ, 1740, *in*-4. et t. II de la Dactyliothèque de Gorleus. Ludg. Bat. 1695. *in*-4. Plinius Franzii, t. XI.

Mariette, Recueil de pierres gravées en creux du cab. du Roi. Paris, 1750, *in-fol.*
— Description des pierres gravées de feu M. de Crozat Description des dessins des grands Maîtres. Paris, 1741, *in*-8.

Mazini (*Lor.*), Memorie degli intagliatori moderni in gemme con la dissertazione di un nuovo castelletto per incider le pietre orientali. Venez. 1756, *in*-4.

Matthæi (*Ant.*) Oratio de Annulo. Ultrajecti, 1639, *in*-4. In ejusdem orationibus, p. 113, seq.

Maugeart, Mém. sur les variations d'une agathe et sur une médaille d'or de Pertinax, *in-fol.* Brux. 1552.

Mauny, Explication des figures de Jupiter, d'Osiris, d'Isis et autres Divinités, qui sont gravées sur la première face d'une pierre ant. Au Mans, 1688, *in*-8. — La seconde partie de cet ouvrage, 1691.

Mautour (*Moreau de*), Explication d'une cornaline antique représentant Alexandre et Olympia. Mém. de Trév. avril, 1714.
— Explicat. du cachet de *Michel-Ange*, Mém. de l'Acad. des Belles-Lettres, tom. I, p. 70. — Critique de cette

explic. Mém. de Trév. fév. 1710. — Réponse de M. de Mautour, Mercure Galant, août 1710.

Medius, Catalogo del Museo di Medina. Rom. 1742, *in*-4.

Meursius (*Joh.*), de Annulorum sculptura, p. 11, exercitationum criticarum p. 34 et 149. *Voy.* aussi François Junius de Pictura Veterum, p. 113 et suiv.

Middleton, Antiquitates midletonianæ. Londini, 1745, *in*-4.

Millin (*A. L.*), Sur l'anneau de Polycrates et l'origine de la gravure en pierres fines. Mag. Encyc. 1re. année, t. III, p. 343.

— Notice des pierres gravées ægyptiennes du Museum national des Antiques. Mag. Encycl. 1re. année, t. VI, p. 60.

— Introduction à l'étude des pierres gravées, 1795, 1797 *in*-8.

— Introduction à l'étude des Monumens antiques. Paris, 1795, *in*-8.

— Dissertation sur une cornaline représentant Diane *Lochia*, Mag. Encycl. 1e. année, tom. IV.

Molinet (*Claude du*), Cabinet de Sainte-Géneviève. Paris, 1792, *in-fol.*

Monges l'aîné, Dictionnaire des Antiquités, Encyclopédie méthodique.

Montfaucon (*D. Bern.*), l'Antiq. expliquée. Paris, 1719 — 1724, *in-fol.*

Murr (*Théophile de*), Treize sceaux arabes du cabinet de M. *de Praun*. *Voy.* 3e. vol. de sa trad. de l'Histoire d'Air. etc. Nuremberg, 1770.

— Bibliotheque de Peinture, Sculpture et Gravure, *in*-12. Francfort, Leipzig. 1770.

NATTER (LAURENT), Traité de la méthode antique de graver en pierres fines, comparée avec la méthode moderne. Londres, 1755, *in-fol.* 37 pl.

OBERLIN, Notice sur la Dactyliothèque de Lippert. Magasin Encycl. 2e. année, tom. IV, p. 62.

— Museum Schoepflini, *in*-4. Arg. 1773, tom. I.

—Notice sur les anciens Graveurs. Magasin Encycl. 2e. année, tom. III, p. 365.

Orphei, Carmen de lapidibus Cura M. Hannardi Gamerii. Leodii, 1576, *in*-4. *Ibid.* 1578, *in*-8. Cura Eschenbachii Orph. opera 1680, Cura Gesneri 1764. Tyrwhit. Lond. 1781, *in* 8.

Oudinet (*Marc-Antoine*), Remarques sur une agathe du cabinet du Roi, représentant Jupiter et Minerve, tom. I de l'Acad des Inscriptions.

— Remarques sur deux Agathes du cabinet du Roi, représentant, l'une l'Apotheose de Germanicus, l'autre, Germanicus et Agrippine sous la figure de Triptolème et Cérès, tom. I. des Mém. de l'Acad. des Inscriptions.

PASSERI (J. B.), Lucernæ fictiles. Pisauri, 1739 et 1747, *in*-4. — Glossæ marginales, 1740, *in*-4.

— Delle gemme astrifere. Firenze, 1750, *in* 4.

Piccolomini (*M. Mario*), Recu il de Gravures antiques, Rom. *in*-4.

Pignorius (*Laurentius*), Vetustissimæ tabulæ Æneæ sacris Ægypt. simulachris cælatæ, simul ac gemmarum antiquarum quarumdam, explicatio. Venetiis, 1605, *in*-4. — Le même ouvrage augmenté, sous ce titre : Laur. Pignor. Mensa Isiaca. etc. Amst. 1669, *in*-4.

Pinet (*Antoine du*), Histoire du Monde, de Pline. Lyon, 1566, *in-fol.* 2 vol.

Placentini, de Siglis veterum græcorum, opus posthumum, et de Tusculano Ciceronis separatim, cum fig. Romæ, 1758, in-4.

Plinius, Naturgeschichte ; Ubersetzt von Joh. Daniel Denso. Rostock, 1764, *in*-4. 2 vol.

Plinii secundi (*C.*), Historiæ naturalis, libri XXXVII, interpretatione et notis illustratiæ Johanne Harduino. Parisiis 1723, *in-fol.* 3 vol.

— Traduc. française par Poinsinet. de Sivri 1771, 1777, *in*-4.

Pois (*Ant. le*), Discours sur les Médailles et Gravures antiques, particulièrement romaines. Paris, 1579, *in*-4. avec fig.

Pomponii, Gaurici, Neapolitani, de sculptura, seu statuaria, libellus. Florentiæ, 1504, *in*-8. secunda editio cur ante Cornelio Grapheo. Antuerp. 1528, *in*-8. et t. IX du Recueil des Antiq. Grecq. p. 725.

Pouget. Traité des pierrres précieuses, et de la manière de les employer en parure. Paris, 1782, *in*-4. 80 planches.

RASPE, Catalogue des empreintes de Tassie. Londres, 1792, 2 vol *in*-4.

— Anmerkungen über die neueste Schrift des herren G. R. Klotz von Nutzen und Gebrauch der geschnitenen Steine und ihrer abdruke. Cassel, 1768, *in*-8.

Rault, De l'origine des Anneaux, de leur matière, de leurs usages, et de la vertu des plus rares pierres qui y sont enchâssées; dans l'Extraordinaire du Mercure Galand, janvier, 1681, tom. XIII, p. 126., seq. *Voy.* aussi The Universal Magazine, 1759, p. 8 et seq.

Recupero (*Alexandre*), Lettre au citoyen S. V. sur une collection de Médailles et de pierres gravées. Mag. Encycl. 3e. année, tom. I, p. 340.

Reichelti (*Jul.*), Exercitatio de amuletis. Argentorati, 1676, *in*-4.

Relandus (*Adrian*), Dissertat. Miscellan. ultima tertiæ partis qua gemmæ sententias ex alcorano continentes dilucidantur. Ultrajecti, 1708, *in*-8.

Riccardi, Sexaginta duo antiquæ gemmæ litteratæ, vid. inscript. ant. cum not Salvini. Flor. 1727, *in-fol.*

Roi (*le*), Achates Tiberiana, *in-fol.* Amst. 1683, et ap. Polen. tom. II.

Roque (*la*), Explication d'une pierre gravée antique, représentant Psyché. Mercure de France, août 1743.

— Sacrifice à Bacchus Vendangeur, gravé sur une agathe du cabinet; Mercure de France, novembre, 1741.

Lettre écrite à M. *de la Roque*, au sujet d'une pierre gravée, etc. Mercure de France, septembre, 1742.

Rossi (*Jean Gerard*), Vie de Pikler, graveur en pierres fines, Magas. Encycl. 3.me ann. Tom. IV.

— (*Domenico de*), Gemme antiche figurate. Rom. 1707-8-9, 4 vol. *in*-4.

Rossman, Dissertation sur le Cachet de Michel-Ange. *Voy.* Erlangische Anzeigen de l'an 1744, no. 22 et 35.

Rubenius, De Gemma Tiberiana, Th. A. R. t. II.

— De re Vestiaria veterum. Ant. 1665, *in*-4.

SACY *Sylvestre de* (*A. I.*), Suite du Traité des Monnoies musulmanes, traduit de L'arabe de Makrizi. Magasin Encycl. 3e. année, tom. I, p. 38.

— Mémoires sur plusieurs antiquités de la Perse. Paris, 1793, *in*-4.

Saint-Laurent (*Joannon de*), Description de deux pierres gravées par L. Siries Florence, 1747, *in*-4.

— Sopra le pietre pretioze degli Antichi. *Voy.* Giulianelli, p. 90.

Sandrart (*Joachim*), l'Academia Tedesca. Nurenberg, 1675-79-80, 2 vol. *in-fol.* en allemand, 1768, *in-fol.*

Sulzer, Allgemeine Theorie der Schonen Kunste, 1792, *in*-8°.

Salvini et *Ant. Franç. Gori.* Inscript. antiq. volum. primum in quo 62. Antiq. Gem Explic. Florent. 1727, *in-fol.*

Scarfo (*D. Joac. Chrys.*), Observationes in Venuti collectanea antiquitatum, 1739, *in*-4.

— Lettere Sopra vari antichi monumenti. Venezia 1739, *in*-4.

— Riposta al libro di Ridolfino Venuti, intitolato Collectanea variarum antiquitatum. Paris, 1740, *in*-4.

Schaumii (*Eggoberti*), Collectanea de annulis eorumque jure et usu. Francof. ad Viadr. 1620, *in*-4.

Slaegeri (*Julii Carol.*), Commentatio de Numo Alexandri, etc. Hamb. 1636, *in*-4.

Slæger (*Jul. Carl.*), Commentatio de Gemma Isiaca. Helmstadii, 1742, *in*-4.

— Gemma antiqua sistens Europæ raptum. Hamburg, 1734, *in*-4.

Schott (*Jean-Charles*), Explication d'une pierre gravée du Roi de Prusse, exprimant la vertu d'un bon Prince, 1717. La même, tom. III des Mém. de la Soc. roy. de Berlin, 1727, *in*-4. — La même, tom. XV de l'Histoire critique de la République des Lettres, p. 179.

Schwabe, Uber ein deutsches Amulet in Meusels. g. f. t. I.

Schwartz (*Joan. Conrad*), Amuleti Basilidiani, gemmarumque quarumdam Veter. Explicatio, à la suite du livre, *Carmina familiæ Cesareæ*, etc. Coburgi, 1715, *in*-8.

— Explicatio gemmæ Miscellan, Phil. 1796, p. 194-214.

Seybolds (*David-Cristoph.*), Mythologie. Leipzig. 1779.

Seytres (*Joseph de, marquis de Caumont*), Conjectures sur une gravure antique qu'on croit avoir servi d'amulette contre les Rats. Avignon, 1733, *in*-8. — et dans le Mercure de France, octobre, 1733.

Smetius (*Joannes*), Antiquit. Neomagenses. Noviomag. Batav. 1668, *in*-4.

Souciet (*Etienne*), Description d'un Anneau d'argent presque semblable à celui d'or (Mém. de Trévoux, avril, 1717), et trouvé pareillement en Berri. Mém. de Trév. mai, 1718.

Speelmann, Gaza selectissima Numism. gemmar. Amstelod. 1698, *in*-8.

Spence, Polymétis, *in-fol.* Lond. 1747.

Spoor (*Henry*), Deorum, et illustr. imagines. Ultrajecti, 1707, *in*-4°.

Spon (*Jacob.*), Recherches curieuses d'Antiquités. Lyon, 1683, *in*-4.

— Miscellanea eruditæ antiquitatis. Venet. 1679. Lugduni, 1685.

Stephanonius (*Petrus*), Gemmæ Antiq. sculptæ. Rom. 1627, *in*-4.

Stosch. (*Philipp.*), Gemmæ antiq. Cælatæ, scalptorum nominibus insignatæ. Amst. 1724, *in-fol.*

TERRIN, Explication d'un Cachet antique d'agathe orientale, tête d'un Roi Perse. Mém. de Trévoux, juin, 1702.

Tersago (*Paulus*), Museum Septalianum. Dertonæ, 1664, *in*-4.

Theophrastes. De lapid. ed Baumgartner. Rurc. 1768, *in*-8.

— Treatise of gemes and Stones transl. by. S. Hill. Lond. 1784, *in*-8.

—Traité des Pierres, avec des notes. Paris, 1754, *in*-12.

— Von steinen ubersetzt. Von Albr. Heinr. Baumgartner. Nuremb, 1770, *in*-8.

Thierbach (*Ioh. Gott.*), Erkl. des Mantuan. Gefasses auf welchem die Thesmophorien der Ceres abgebildet sind 4. Guben, 1777.

Thomassinus (*Philip.*), Ex antiquis Cameorum et gemmarum delineata, lib. sec. Romæ, *in*-4.

Thoms (*le Comte de*), son Cabinet des Antiques.

Torricelli (*Bartholomæi*), Trattato delle Gioie e pietre dure e tenere, 1714, manusc.

Tournemine, Explication du Cachet de Michel-Ange. Trév. février, 1710.

— Descript. de la pierre gravée représentant le mariage d'Ariadne et de Bacchus. Mém. de Trév. juillet 1610.

— Explication de deux pierres gravées antiques. Mém. de Trév. juin 1711.

— Remarques sur une pierre antique du Cabinet du Roi, relative à la Poésie satyrique. Mém. de Trév. nov. 1717.

— Explication d'une antique du cabinet du Roi, représentant Sapho ou Sémiramis. Mém. de Trév. mars 1713.

— Explication d'une cornaline antique représentant Antinoüs se dévouant pour Adrien. Mém. de Trév. mars 1713.

Tristan (*de Saint-Amand*), Commentaire historique. Paris, 1635, 3 vol. *in-fol.* et 1644, 3 vol.

— Eclaircissement au sujet de l'inscription de ce mot ΕΥΚΑΡΠΙ, qui est autour de l'effigie de Lucille, en un jaspe antique, tome I. des Commentaires historiques, du même, p. 705. Paris, 1644, *in-fol.*

— Explication d'une Pierre magique du cab. de M. Fouquet. Voyez ses Commentaires histor. p. 194.

— Explication du vase d'agathe du trésor de Saint-Denis, tome II de ses Commentaires historiques, pag. 603. — *V.* Hist. de l'Abbaye de Saint-Denis, par D. Felibien. Paris, 1706, p. 544. — Tome I de l'Ant. expl. par Montfaucon, cap. XII.

Trithemius (*Joannes*), Veterum Sophorum sigilla, etc. 1612, *in*-8.

URSINUS (FULVIUS), Illustrium imagines, Numis et gemmis expressæ. Rom, 1598, *in-fol.*

VASARI, Continuazione e giunte al ragionamento degli intagliatori moderni in pietre dure, cammei, e gioje, fino al presente tempo. *Voy.* Giulianelli, p. 16-17.

Veltheim (*A. F. V.*), Etwas uber Memnons Bildsaule, Neros Smaragd, Toreutik, etc. Helmstadt, 1793.

— Ueber der Herren Werner und Karsten Reformen in der Mineralogie. Helmstadt, 1793.

Vettori (*Fr.*), Dissertatio Glyptographica Roma, 1739, *in*-4.

Venuti (*Rodulphino*), Collectanea Antiquit. romanan. Rom. 1736, *in-fol.*

— Ragionamento sopra un frammento d'un antico Diaspro intagliato. Roma, 1747, *in*-4.

— Sopra alcune anthiche Gemme Litterate in Ac. Cort. t. VII.

Visconti, Museo Pio-Clementino, *in-fol.* Rom. 1782, seq.

— Osservaz.

— Osservaz. Sopra un antico Cameo rapr. Giove Egioco Padova, 1793, *in*-4.

WALCHS (*Joh. Ernest Immanuel*), Steinreich, seconde edition. Halle, 1769, *in*-8. 2 vol.

Wallerius (*J. Gotl.*), Minéralogie, ou description générale des substances du règne minéral; ouvrage traduit de l'allemand, tome Ier. Paris, 1753, *in*-8. genre XV, crystaux, pierres précieuses, p. 201-240, et genre XIII et XIV, p. 159-190, ou espèces 84-98, traduites en allemand du suédois, par Jean Daniel Denso à Berlin 1750, 1763, *in*-8. gen. XIII et XIV, spec. 84-98, p. 111-134, gen. XVI, p. 142-172.

Wedgwood et *Bentley*, Catalogue de camées, intailles, etc. d'après les antiques, à vendre, *in*-8. Lond. 1774.

Wilde (*Jac. de*), Gemmæ selectæ antiquæ Amst. 1703, *in*-4.

Winckelmann, Description des pierres gravées de *Stosch* Florence, 1760, *in*-4.

— Nachrichten von dem Béruhmten Stoschischen Museo in Florenz. an den von. Herrn Hagedorn. Bibl. der S. W. U. D. F. K. tom. V, p. 23.

— Monumenti antichi inediti, Spiegati ed illustrati. Roma, 1767, 2 vol. *in-fol.*

Wolfii (*Nicolai*), Dissert. de Annulo signatorio prisco. Holmiæ, 1684, *in*-8.

ZANETTI, Le Antiche Statue, greche e romane. Venezia, 1740-1743, *in-fol.*

— Gemmæ antiquæ. Venetiis, 1750, *in-fol.*

Zurlauben, Le Soleil adoré par les Taurisques sur le mont Gothard, *in*-4. Zurich, 1782.

ANONYMES.

Catalogus lapidum pretiosorum. Amstelodami, 1688, *in*-12.

Conjectures sur une pierre gravée, où l'on prétend trouver les portraits de Cicéron et de Tullia, sa fille. Mercure de France mars, 1729.

Description sommaire des pierres gravées et des médailles d'or antiques du cabinet de feue Madame. Paris, 1727, *in*-8.

Dissertation sur une agathe trouvée à Reims, offrant un vœu à Junon Lucine. Mémoires de Trévoux, janvier, 1705.

Eclaircissemens critiques sur les pierres gravées. Mercure de France, février 1738.

Explication du cachet de Michel-Ange. Voy. Catalogue des pierres gravées de Crozat, n.° 682.

Explication d'une pierre supposée antique, intitulée l'idée du Héros. Mercure de France, octobre 1744.

Extrait d'une lettre écrite au chev. *de la Rocque* sur une pierre antique, représentant un sacrifice à Mars. *Mercure de France*, août 1742. — Dissertation de M. W. sur cette pierre gravée. Mercure de France, décembre, 1742.

Gemmæ et sculpturæ antiquæ depictæ. Ex Ital. in lat. vers. à Jac. Gronovio, Amstel. 1685, 2 vol. *in*-4. Haneque. etc. 1699, 2 vol *in*-4.

Leben von Reifstein S. Goldbeck Litter. Nachi., 1783, t. 2, p. 166.

Numus aereus veterum Christianornm museo victorio Romæ asservatus, commentario illustratus, adjectis variis gemmis ad usum Christ. Pertin. Rom. 1737, *in*-4.

Observations sur une pierre gravée antique, trouvée à Rome en 1733.

Remarque sur le combat de Cupidon et d'un Coq, gravé en creux sur une cornaline antique. Mercure de France, octobre 1733, *in*-4.

Verzeichniss der Materien aus Welchen ehedem die statuen, Bildnisse und Halberhobenen Arbeiten Gemacht wurden. Fortsetzung. Voyez Meusel neue Miscel. 1796. Drittes Stuck, p. 327-340.

Veteris gemmæ ad Christianum usum exsculptæ, brevis explicatio. Romæ, 1732, *in*-4.

Gemmarum antiquarum delectus ex præstantioribus desumptus quæ in dactyliothecis ducis Malboriensis conservantur. 2 vol. *in-fol.*

ADDITIONS.

Bruckman (*Frid. Bened.*) Abhandl. von Edelgesteinen 1757, 1758, 1773, 3 vol. *in*-8.

Buonarotti sopra vetri Antichi. Firenze, 1716, *in-folio.*

Frauenholz (*Jean-Frédéric*). Principales figures dela Mythologie, exécutées d'après les pierres gravées antiques qui appartenoient au baron de Stosch, 1792. A Paris.

Lenz (*Karl. Gotthlob*). Von Ovids Bildniss auf gemmen und Münzen.

Christ. (*Joh. Franc.*) de signis quibus manus agnosci antiquæ in gemmis possunt. Vid. Comment. Lips. 1753, *in*-8. t. 1, p. 64.

Lanzi (*Luigi*) Saggio di Lingua etrusca. Roma, 1779, 3 vol. *in*-8. Voyez le second volume où sont les pierres étrusques.

Meyer und *Boettiger* über den raub der Cassandra auf einem alten Gefasse. Weimar, 1794, *in*-4.

Murr (*Théoph. de*). Catalogue des estampes et des pierres gravées du comte Paul de Praun. Nuremberg, 1795, *in*-8.

Morand, Histoire de la Sainte-Chapelle. Paris, 1790, *in*-4.

Crellius (*M. Christoph. Ludov.*). Caius Mucius Scævola ex antiquitate erutus. Lipsiæ, 1722, *in*-4.

De l'Imprimerie du Magasin Encyclopédique, rue des Maçons-Sorbonne, n°. 406.

www.ingramcontent.com/pod-product-compliance
Ingram Content Group UK Ltd.
Pitfield, Milton Keynes, MK11 3LW, UK
UKHW021050260726
13994UKWH00002B/503

9 782329 400365